la TAILLE des ARBRES FRUITIERS

Éric CHARTON

Photos S.A.E.P.

ÉDITIONS S.A.E.P.
68040 INGERSHEIM - COLMAR

Posséder un arbre fruitier ou un verger demande une attention particulière. La conduite fruitière, même à une très petite échelle, est ponctuée de plusieurs interventions techniques : la fertilisation (humus, engrais), l'irrigation, la lutte phytosanitaire (traitements) et la taille (de formation et de fructification).

De la plantation de l'arbre fruitier à sa pleine production de fruits, la taille est omniprésente. Dans un premier temps, la taille est dite de formation. Une fois les charpentières et les sous-charpentières établies, la taille est dite de fructification, car elle privilégie la production de fruits.

Si l'intérêt de l'arbre est privilégié (bonne pénétration de la lumière, une aération cohérente, respect de l'équilibre vigueur/mise à fruits, des parties jeunes favorisées), tailler est à la portée de chacun.

Tailler avec un sécateur, et surtout avec le cœur, entraînera succès et satisfactions.

GÉNÉRALITÉS SUR LA TAILLE

FAIRE UN CHOIX

Ce choix dépend de la situation géographique, de la superficie à planter et de la surface… financière. Afin d'augmenter ses chances d'obtenir un verger sain, il est nécessaire d'acheter des arbres fruitiers chez des pépiniéristes qui certifient la qualité des plants. L'étiquette CTIFL doit être présente sur l'arbre acheté ou le pépiniériste doit le garantir.

La surface à planter est l'élément déterminant pour le choix des espèces. Certaines espèces fruitières sont à bannir des petits vergers, notamment le noyer et le châtaignier. Les vergers trop denses engendrent des retards de mise à fruits, des récoltes moindres en qualité et en quantité, des formes difficiles à conduire et un niveau sanitaire difficile à maintenir acceptable. Il est vrai qu'à la plantation, le verger paraît nu. Par contre, 3 à 4 ans plus tard, la satisfaction de posséder un verger bien équilibré et harmonieux fait oublier le doute à la plantation. Le jardinier taillera, traitera et récoltera en pleine quiétude (voir exemples de petits vergers, p. 8-9).

La conduite conditionne le choix de la vigueur de l'arbre ou inversement. La vigueur est propre aux variétés et au type de porte-greffe (voir tableau de porte-greffe, p. 5 à 7).

Espèces	Porte-greffe	Vigueur	Caractéristiques
POMMIER	Les Francs	Très forte.	Pour les arbres de plein vent, bonne affinité avec les différentes variétés, sensible à l'asphyxie radiculaire.
	M2	Forte.	
	M7	Moyenne.	
	M9	Faible.	Mise à fruit rapide, bonne qualité du fruit, tuteurage nécessaire.
	MM106	Moyenne.	Mise à fruit rapide, résiste au puceron lanigère et à l'asphyxie radiculaire.
	MM111	Forte.	Résiste à l'humidité et à la sécheresse.
	M27	Très faible.	Mise à fruit rapide, ne drageonne pas.
	M26	Moyenne/ faible.	Mise à fruit rapide, drageonne peu, utilisé en replantation après M9.
COGNASSIER	BA 29		
POIRIER	Les Francs	Forte.	Affinité variable avec les variétés, sensible à la chlorose.
	BA 29	Forte.	Bonne affinité.
NÉFLIER	Cognassier		Pour terrains peu calcaires.
	Poirier		Pour terrains peu calcaires.
PRUNIER	Les Francs	Forte.	De moins en moins utilisés.
	Brompton	Forte.	Bonne compatibilité avec les variétés, peu de drageons.
	Myrobolan B	Très forte.	Pas de drageon, supporte les sols humides et calcaires.
	Myrobolan GF31	Forte.	Incompatible avec Reine-Claude.

Espèces	Porte-greffe	Vigueur	Caractéristiques
	Marianna GF8-1	Forte.	Pas de drageon, bonne résistance à l'asphyxie radiculaire, incompatible avec Reine-Claude.
	Hybride Pêcher x Amandier	Très forte.	Convient aux sols très calcaires.
	Pixy	Faible.	
CERISIER	Merisier F12-1	Forte.	Drageonnant, bonne compatibilité avec les variétés, préfère les sols profonds, frais et bien drainés.
	Sainte-Lucie SL 64	Forte.	Supporte les sols secs et pauvres, sensible au chancre du collet, au pourridié et à l'asphyxie radiculaire, mauvaise affinité avec les cerises acides.
	Colt	Forte.	Supporte les sols humides, drageonne peu, sensible à la chlorose et à la sécheresse.
	Brookforest	Moyenne.	Pas de drageon, bon ancrage.
	Brookgrove	Moyenne.	Pas de drageon, bon ancrage.
	Camil	Moyenne faible.	
	Edabriz	Faible.	Production après 3 ans, bon ancrage, bonne compatibilité avec les autres variétés.
PÊCHER	Pêcher GF305	Forte.	Croissance rapide, sensible au pourridié, à l'asphyxie radiculaire, assez tolérant au calcaire.
	Rubira	Forte.	Mise à fruit rapide, sensible à l'asphyxie.
	Higama	Très forte.	

Espèces	Porte-greffe	Vigueur	Caractéristiques
	Monclar	Très forte.	Adapté aux coteaux caillouteux, peu sensible à la chlorose.
	Damas de Toulouse	Forte.	Résiste à l'asphyxie radiculaire et à la chlorose, drageonnant, convient aux sols lourds, mal drainés et chlorosants.
	Saint-Julien	Moyenne à faible.	Très bonne compatibilité avec les variétés, mise à fruit rapide, drageonnant, convient aux terrains lourds.
	Ferciana	Moyenne.	Pas de drageons, sensible à la chlorose et à l'asphyxie radiculaire, mise à fruit excellente.
	Yumir	Très forte.	Supporte bien les sols compacts.
ABRICOTIER	Les Francs	Forte.	Mise à fruit rapide, bonne affinité avec les variétés, bonne résistance à la chlorose et à la sécheresse.
	Mariana GF8-1	Forte.	Très bonne résistance à l'asphyxie radiculaire et au pourridié, mise à fruit rapide.
NOYER	Juglans nigra	Forte.	Résistant à la maladie de l'encre et au pourridié, sensible à la sécheresse et au calcaire.
AMANDIER	Les Francs	Forte.	Résistant à la sécheresse et au calcaire, sensible à l'excès d'eau, mise à fruit lente.
	Hybride Amandier x Pêcher	Forte.	Résistant à la sécheresse et au calcaire, sensible au pourridié.

EXEMPLES DE PETITS VERGERS

(les distances entre les rangs sont inférieures à celles indiquées dans le descriptif pour chaque espèce, ces dernières étant pour le cas idéal).

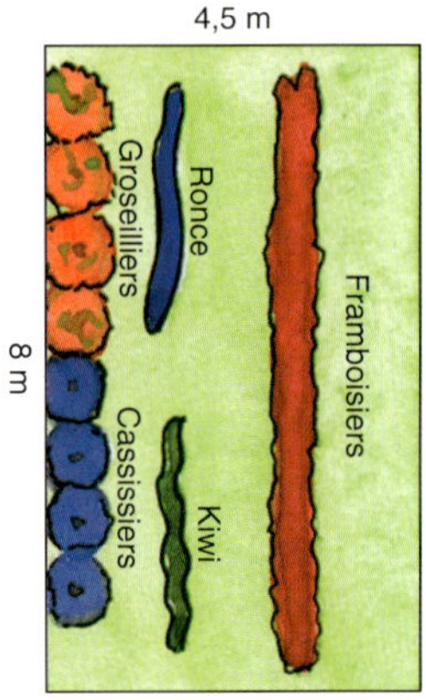

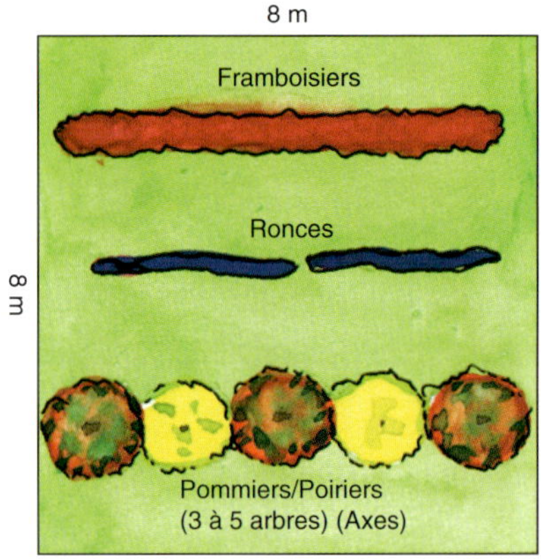

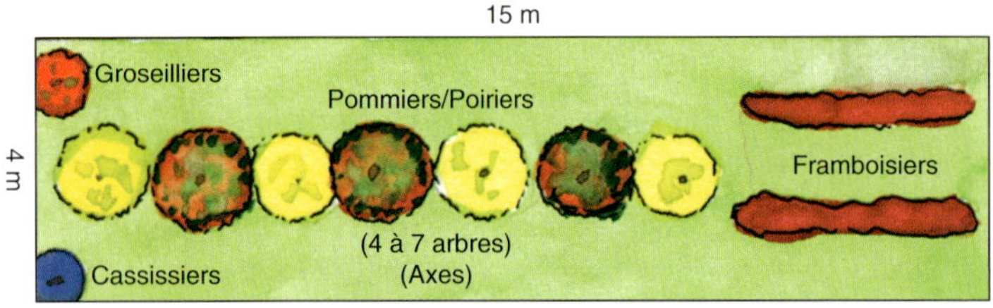

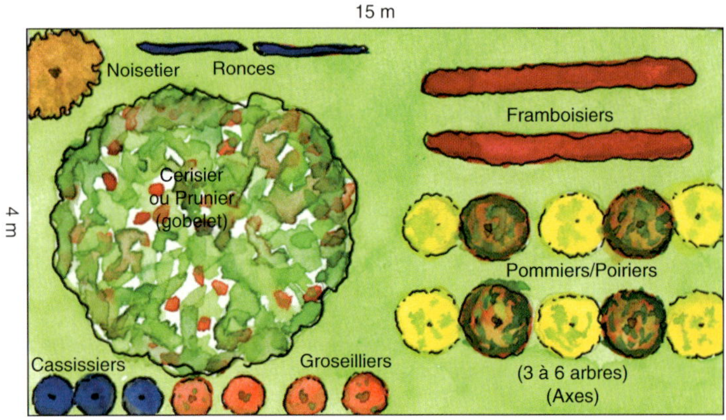

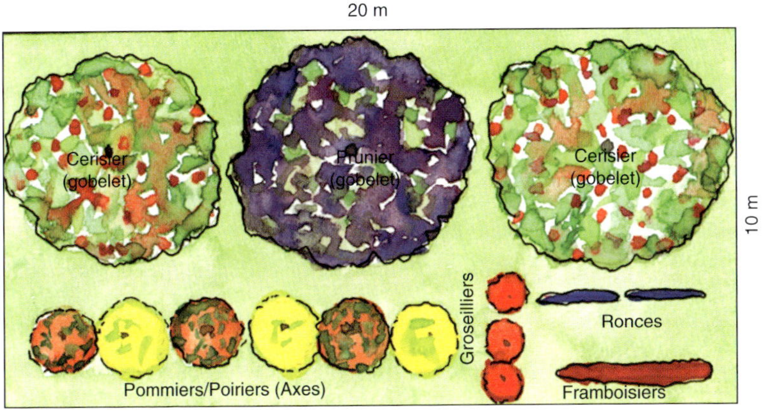
20 m
10 m
Cerisier
(gobelet)
Prunier
(gobelet)
Cerisier
(gobelet)
Groseilliers
Ronces
Pommiers/Poiriers (Axes)
Framboisiers

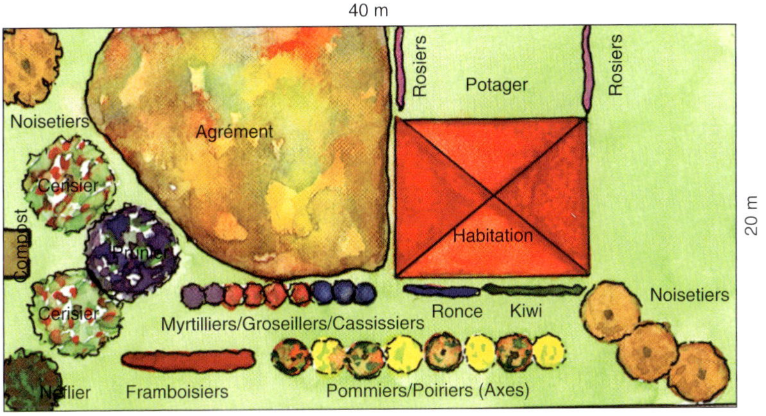
40 m
20 m
Noisetiers
Agrément
Rosiers
Potager
Rosiers
Cerisier
Compost
Prunier
Habitation
Cerisier
Myrtilliers/Groseillers/Cassissiers
Ronce
Kiwi
Noisetiers
Néflier
Framboisiers
Pommiers/Poiriers (Axes)

LA PLANTATION

Après avoir déterminé l'emplacement des arbres en respectant scrupuleusement les distances de plantation, l'étape suivante est la plantation du plant fruitier. Avant la plantation, il est nécessaire de limiter en longueur les racines principales (la section de coupe vers le bas), de diminuer le touffu racinaire et de rabattre les racines cassées et malades. La partie aérienne n'est pas rabattue. Pour faciliter la reprise, il est possible de préparer un pralin afin de baigner les racines juste avant la plantation. Cette pratique devient nécessaire pour les plantations tardives. Ce pralin est constitué d'eau et de terre, et sa consistance doit être crémeuse.

La plantation proprement dite nécessite 2 à 3 personnes suivant le nombre et l'âge des arbres.

LA PLANTATION

– Creuser un trou sans exagération de façon que les racines se placent librement.

– Plonger les racines dans la cuve à pralinage.

– Placer les racines dans un trou et les couvrir de terre fine sans touffes d'herbe.

– Secouer légèrement l'arbre afin que la terre pénètre bien le centre du touffu racinaire.

– Recouvrir ensuite de terre grossière.

– Ne pas enterrer le point de greffe.

– Ne pas tasser avec le pied, car le compactage n'est pas favorable à l'enracinement.

– Ne pas arroser si vous avez praliné les arbres.

L'ÉTIQUETAGE

Cette phase est essentielle, surtout si le nombre d'espèces et de variétés est important.

Sur l'étiquette seront notés le nom de la variété et le porte-greffe. Il est judicieux de reporter ces informations sur un plan au cas où les étiquettes s'effaceraient. Afin de ne pas blesser l'arbre, les étiquettes doivent être desserrées chaque année. Clouer l'étiquette sur le piquet évite des étranglements.

LE PALISSAGE

Les formes de plein vent ont besoin de piquets à la plantation, surtout si les arbres sont exposés au vent dominant. Par la suite, du fait du greffage sur un porte-greffe fort, l'enracinement puissant suffit à tenir l'arbre droit.

Pour les autres conduites, les porte-greffes utilisés sont faibles, l'enracinement n'est pas suffisant pour maintenir l'arbre surtout quand il se charge de fruits. Le type de palissage dépend de la conduite et des espèces.

LE RECOUVREMENT DU SOL

Dans les premières années de plantation, l'enherbement n'est pas conseillé étant donné la lutte pour l'eau entre l'herbe et les plants fruitiers.

L'enherbement donne un verger toujours propre et rend facile le travail. On lui reproche la tonte, l'augmentation du risque au gel et un besoin accru en eau.

LA PROTECTION DES JEUNES PLANTS

Les jeunes arbres doivent être protégés à leur base, afin d'empêcher les rongeurs de détacher l'écorce.

LE MATÉRIEL DE TAILLE

Le sécateur :

Le sécateur doit être de très bonne qualité, car il est l'outil de base du tailleur. Il en existe de toutes les sortes : poignée tournante, pour droitier, pour gaucher... Il faut savoir mettre le prix.

Le sécateur à longues poignées :

Ce sécateur permet de couper sans effort des sections plus grosses. Les branches à couper sont parfois plus faciles à atteindre avec ce type d'outil. Le poids du sécateur est un point important lors de son utilisation. Les sécateurs « pas chers » sont souvent très lourds et peu solides.

L'échenilloir :

Ce matériel est utilisé pour les parties inaccessibles par les échelles. Ce sécateur est très pratique pour effiler les pointes. Les tronçons de branches ne doivent pas être très gros.

La scie :

La scie est très utilisée pour les vieux vergers en restructuration et pour l'élimination des charpentières et des sous-charpentières. Les scies à lame pivotante facilitent les coupes quelles que soient les positions.

La tronçonneuse :

Ce matériel fort coûteux pour une faible utilisation n'est pas indispensable, sauf peut-être lors de restructuration de vergers.

L'échelle :

Qu'importe le type, la forme... de son échelle, il faut en être sûr.

Les gants :

Pour éviter les blessures avec le matériel tranchant, il est possible d'acheter des gants renforcés. Ils sont conseillés si ce sont des enfants qui taillent.

Les produits cicatrisants :

Quel que soit le produit, ces cicatrisants accélèrent le processus de cicatrisation et évitent ainsi l'entrée des maladies. Seules les grosses plaies supérieures à 5 cm de diamètre doivent être protégées.

LES PRINCIPES DE TAILLE

Ces principes en vrac peuvent être appliqués à toutes les espèces fruitières. Sans connaître les tailles de formation et de fructification particulières, il est possible de tailler suivant ces conseils.

Souvent, le jardinier est confronté à des problèmes de taille, car les arbres qu'il découvre pour la première fois n'ont pas de forme et ont été taillés irrégulièrement. Il ne faut pas rechercher la taille de formation d'origine, mieux vaut adopter quelques-uns de ces principes.

1. La coupe doit être franche, nette et précise pour faciliter la cicatrisation et pas trop près d'un œil pour éviter son dessèchement.

2. L'air et la lumière favorisent la croissance des rameaux, la formation des boutons floraux, les repercements engendrant le renouvellement, le calibre des fruits, la quantité, la qualité et la protection phytosanitaire, c'est-à-dire tout.

« Créer des zones de lumière dans le végétal favorise le repercement ». Ce principe est essentiel pour le renouvellement des pousses. Les fruits de qualité poussent en quantité sur les structures jeunes, d'où la nécessité du renouvellement.

Comment créer des zones de lumière : ne pas superposer les branches, respecter l'ordre des diamètres des structures en établissant les plus fortes en bas, en évidant le centre des arbres des branches rentrant vers l'intérieur (gobelet), en effilant l'extrémité des charpentières, en respectant les distances de plantation.

La lumière colore les fruits et assure un développement de qualité. Les fruits à l'ombre mûrissent très mal, ne se conservent pas et sont souvent sans saveur.

Un arbre bien aéré est moins sensible aux maladies et aux prédateurs. Techniquement, le produit pulvérisé pénètre mieux dans l'arbre et ainsi toutes les parties du végétal sont touchées.

3. Le degré d'inclinaison d'un rameau influe sur sa croissance et sa fertilité. Ce principe semble bien compliqué à comprendre, il explique le principe fondamental de la mise à fruit.

Plus le rameau est incliné vers le bas, plus la vigueur est limitée et la mise à fruit accélérée. Cette constatation est due à un phénomène hormonal entre le bourgeon terminal et les bourgeons axillaires.

La dominance du bourgeon terminal (dominance apicale) inhibe le développement des bourgeons axillaires. La perte de la dominance s'effectue si la branche tend vers l'horizontale ou si le bourgeon terminal est éliminé.

Exemples :

La formation du gobelet

À la plantation, le scion est coupé, entraînant le départ des yeux axillaires (phénomène dû à la perte de la dominance de l'œil terminal). Ces départs formeront les futures charpentières.

Dans le jeune âge, les charpentières sont assez rigides et leur vigueur est en principe très importante. L'éloignement de l'œil terminal favorise la mise à fruit et l'établissement des sous-charpentières. Sous le poids des sous-charpentières et des fruits, les charpentières s'affaissent, limitant ainsi leur croissance en longueur.

La formation de l'axe vertical non rabattu

Le maintien de l'œil terminal réduit les pousses verticales au sommet par inhibition. Les ramifications de la base de l'arbre sont dues à la perte d'influence du bourgeon terminal. Les structures de la base à l'horizontale se couvrent de coursonnes. Le choix de structures bien ouvertes tendant vers l'horizontale est primordiale. Des structures trop droites se mettront à fruits beaucoup plus tardivement et ne seront pas de bons supports pour les futures coursonnes.

La formation de l'axe vertical rabattu

L'action de rabattre le prolongement va favoriser le départ des yeux axillaires pour la formation des futures charpentières. L'axe est néanmoins conservé en remplaçant le prolongement coupé par un repercement.

4. Limiter le nombre d'organes fruitiers augmente le calibre des fruits et assure une bonne récolte l'année suivante. Le nombre de fruits a une action sur la mise à fruit de l'année suivante. Les pépins et les noyaux sécrètent une hormone inhibitrice de l'induction florale, créant ainsi le phénomène d'alternance. Il faudra tailler plus sévèrement en année où les bourgeons à fruits sont en nombre important. Cet éclaircissage par la taille limitera le nombre de fruits, augmentera leur calibre et assurera l'année suivante une mise à fruit normale. Toutefois, l'alternance est un phénomène plus ou moins sensible selon les espèces, voire les variétés.

5. Les fruits sont plus beaux sur du bois jeune. Favoriser les repercements engendre des fruits en nombre et de qualité.

6. La sève a un débit fort dans les branches charpentières. Pour avoir un fruit bien alimenté en sève, l'idéal de structure est : charpentière puis sous-charpentière et enfin coursonnes.

7. La fructification est limitée et est retardée par les techniques favorisant la production de bois. Il faut laisser évoluer naturellement une branche jusqu'à la production de fruits. Il est certain que la taille de formation favorise la formation de bois pour l'établissement des structures de support. Ensuite, une fois les structures de support créées, la taille est moins traumatisante et respecte mieux la mise à fruit.

8. La taille d'été limite le travail d'hiver et stimule la croissance des branches sélectionnées restantes.

L'ÉVOLUTION DU TYPE DE TAILLE
AU COURS DE LA VIE DE L'ARBRE

Pendant les premières années, la taille est dite de formation car elle confère à l'arbre la forme choisie. La durée de la taille de formation varie de 3... à 18 ans pour certaines formes savantes.

Une fois l'arbre quasiment formé, la taille est dite de fructification pour les arbres de petit volume ou d'entretien pour les arbres de plus grand volume.

Avec l'âge, les vieilles structures dominent, la production de fruit est faible et tend à devenir de médiocre qualité. Une taille de rajeunissement est alors effectuée pour favoriser le repercement de jeunes structures.

Afin d'éviter de propager des maladies lors de la taille, il est nécessaire de désinfecter son matériel assez souvent.

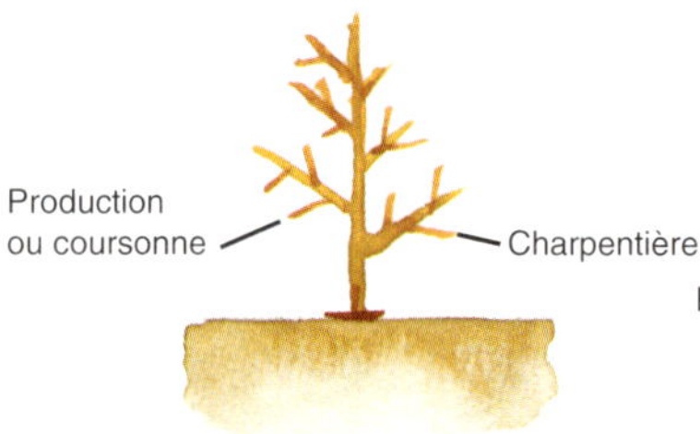

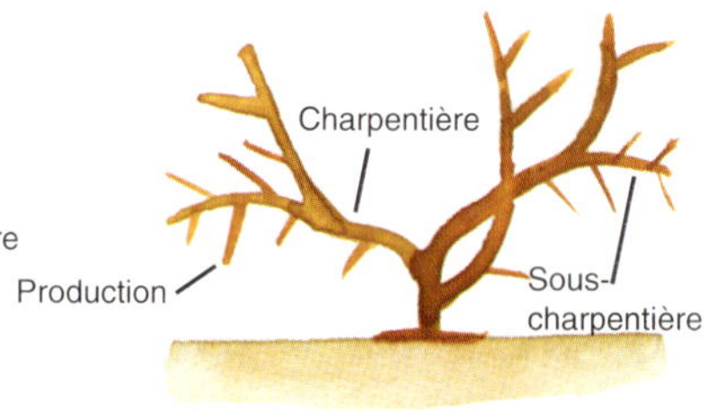

QUELQUES EXEMPLES D'INTERVENTION DE TAILLE

1. Ce gobelet présente des pousses développées au centre de l'arbre, empêchant un bon éclairement des structures inférieures. Dans un futur proche, cette situation risque de limiter considérablement la production de fruits dans la partie basse de l'arbre. La taille consiste à éliminer toutes les branches poussant vers le centre de l'arbre.

2. L'axe bien structuré dans son ensemble présente une charpentière trop développée dans sa partie haute. Cette charpentière en se développant risque de diminuer la production de fruit dans la partie basse de l'axe. Son élimination donnera à l'axe une réelle forme « sapin » propice à une production de fruits équilibrée dans tout l'arbre.

3. Lors de la formation du gobelet, une dissymétrie de vigueur des charpentières peut exister. Il ne faut pas laisser cette conduite évoluer, car ce déséquilibre ira en s'accentuant. Il suffit de rabattre les charpentières pour favoriser de nouveaux départs d'égale vigueur.

4. Lors de la première année de formation, seules deux pousses sont présentes. Cette situation fâcheuse est due le plus souvent à la détérioration des bourgeons axillaires. Pour multiplier le nombre de pousses, il suffit de les rabattre.

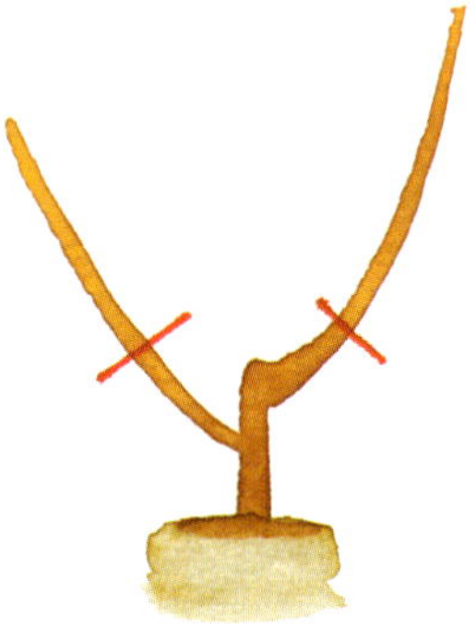

5. L'arbre vieillissant, les charpentières du gobelet s'affaissent. Afin de retrouver un port normal, il faut rabattre l'extrémité des charpentières sur une pousse bien placée du dessus.

6. Une fois que l'équilibre mise à fruit/vigueur est atteint, la longueur des charpentières du gobelet peut être diminuée. Il suffit alors de les rabattre sur une branche bien placée poussant vers l'extérieur.

7. Afin de limiter la hauteur de l'axe, il est possible, sans déséquilibrer la forme axiale, de rabattre la pointe sur une branche plus basse qui reprendra le rôle de l'extrémité de l'axe.

8. Sur de vieux arbres, la production de fruits se situe exclusivement sur les extrémités. Les fruits sont mal alimentés. Afin de rajeunir les structures et rapprocher la production de fruits du tronc, il est possible de rabattre les axes sur des pousses jeunes. Cette action très sévère entraînera le repercement de pousses. Il sera alors nécessaire de sélectionner ces nouvelles pousses en éliminant les trop vigoureuses.

9. Certains arbres peuvent ne présenter que deux charpentières, il suffit alors de dégager le centre et de garder des sous-charpentières poussant de part et d'autre des structures principales.

10. La forme « sapin » n'est plus respectée, il faut restructurer l'arbre en éliminant les structures trop grosses dans la partie haute de l'arbre. Cette taille doit être menée avec précaution afin de limiter le repercement excessif de gourmands.

11. Il existe parfois des situations où la tronçonneuse remplace le sécateur, celle-ci en est une. Si la variété est peu connue ou unique, le prélèvement de greffons pour perpétuer le clone est indispensable.

12. La taille n'est pas seulement dans l'arbre, mais aussi à la base du tronc. Tous les rejets sont à éliminer soigneusement dès leur apparition.

QUAND TAILLER ?

• Pour les arbres produisant des fruits à noyaux, la taille de fructification s'effectuera de préférence en période de végétation (printemps/été).

• Pour les arbres produisant des fruits à pépins, la taille de fructification sera possible en hiver.

LES FORMES SAVANTES

Les formes savantes ont été et sont toujours les formes pratiquées par les amateurs.

En raison du faible encombrement des arbres, elles peuvent s'intégrer dans un espace restreint (le long d'un mur). Le deuxième argument en leur faveur est leur plasticité qui s'intègre harmonieusement dans un jardin à la française.

Mais les techniques de production actuelles rejettent ces formes pour plusieurs raisons :

– leur formation exige une grande technicité,

– le temps de taille est important,

– l'entrée en production est lente étant donné une taille sévère pendant leur formation,

– un coût élevé à l'achat car l'amateur achète le plus souvent des arbres déjà formés,

– un palissage compliqué pour certaines formes.

Bien que déconseillées, certaines formes vont être décrites dans le cas des arbres à pépins.

LES PALMETTES

Les palmettes sont composées de plusieurs branches.

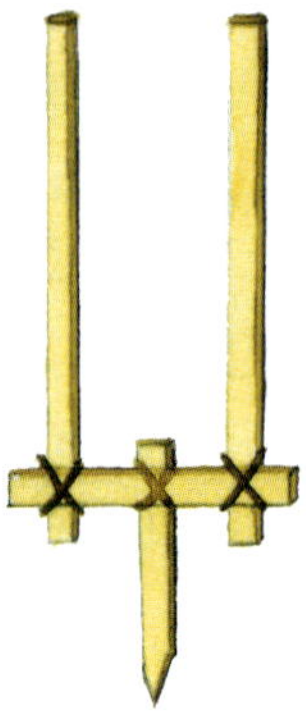

U simple (distance de 0,60 à 1 m) :

- Plantation : aucune intervention sur le scion planté.
- Hiver : rabattre le scion en dessous de la latte horizontale.
- Printemps : conserver les 2 pousses les plus vigoureuses.
- Été : attacher les pousses sur les lattes.
- Années suivantes : rabattre de 30 à 60 cm par an chacune des pousses.

Attention à l'équilibre des 2 branches : en cas de déséquilibre, couper plus court la pousse la plus forte.

Taille de fructification : taille trigemme.

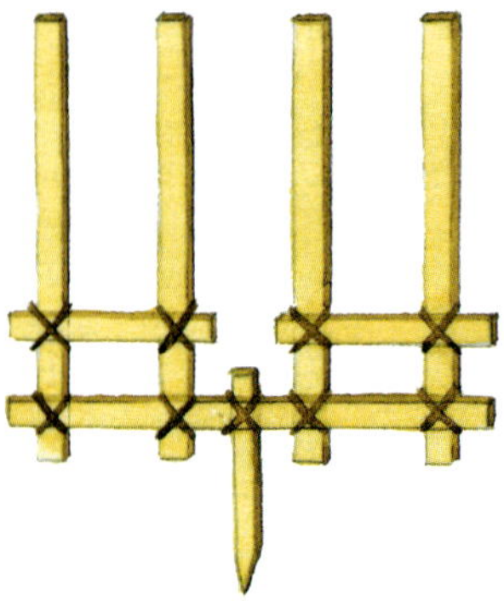

Double U :

Même principe que le U simple mais, la deuxième année, les pousses seront taillées pour former 4 pousses.

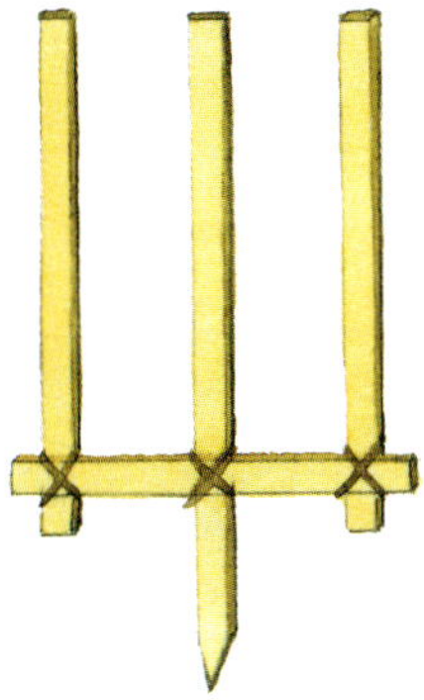

Triple :

Même principe que le U simple mais, au printemps, conserver 3 pousses au lieu de 2.

LES CORDONS

La charpente s'étend sur une seule ligne.

Cordon horizontal unilatéral (distance de plantation : 2 à 3 m) :

• Plantation : planter le scion sans le tailler.

• Hiver : couper le scion à au moins 10 cm au-dessous du fil de fer.

• Printemps : ne conserver que la pousse supérieure.

• Été : courber la pousse une fois 30 cm atteints.

• Années suivantes : conserver 30 cm de prolongement par an pour éviter la dénudation du cordon.

Taille de fructification :

– enlever les pousses implantées nettement sur le dessus du scion car elles engendrent des pousses très vigoureuses ;

– taille trigemme.

Cette forme est à éviter pour les variétés vigoureuses.

Cordon horizontal bilatéral :

• Plantation : planter le scion sans intervention.

• Hiver : rabattre le scion à 8 cm.

• Printemps : conserver les 2 plus hautes pousses.

• Été : courber les 2 pousses.

• Années suivantes : laisser 30 cm de prolongement par an pour éviter la dénudation.

Taille de fructification :
– même principe que le cordon horizontal unilatéral,
– si un des prolongements est plus faible, rabattre le plus fort.

Cordons obliques (distance de plantation : 50 à 80 cm) :
• Plantation : planter le scion.
• Hiver : tailler à la moitié du scion. Disposer les lattes à 45-60°.
• Été : attacher la pousse la plus vigoureuse sur la latte.
• Hiver : rabattre la pousse de l'année à 25 cm afin d'obtenir les coursonnes rapprochées.
• Années suivantes : rabattre les pousses de l'année à 25 cm.

Taille de fructification : taille trigemme.

Cordon vertical (distance de plantation : 50 à 80 cm) :
- Plantation : planter le scion.
- Hiver : tailler à la moitié du scion.
- Été : attacher la plus vigoureuse à la latte.
- Hiver : rabattre la pousse en laissant 20 à 50 cm suivant la vigueur.
- Années suivantes : rabattre la pousse jusqu'à l'obtention de la hauteur désirée.

Taille de fructification : taille polygemme au sommet pour combattre la vigueur excessive.

Cette forme peut convenir pour les variétés plus vigoureuses.

LA TAILLE TRIGEMME

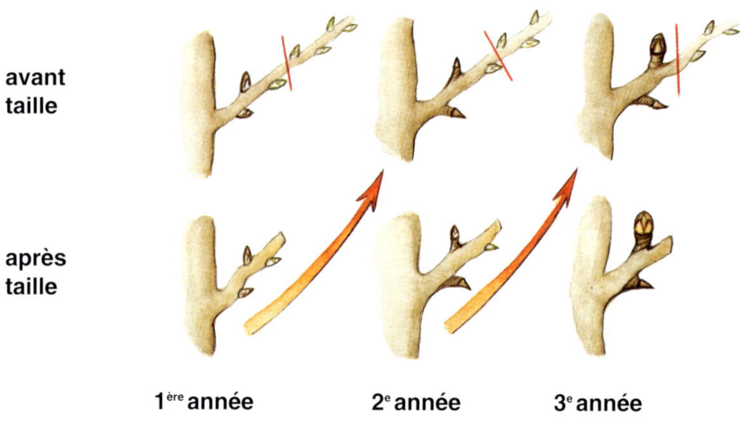

POSSIBILITÉS D'APPLICATIONS DE LA TAILLE TRIGEMME (POIRIER)

lambourde
dard

rameau
brindille

brindille couronnée
œil latent

taille

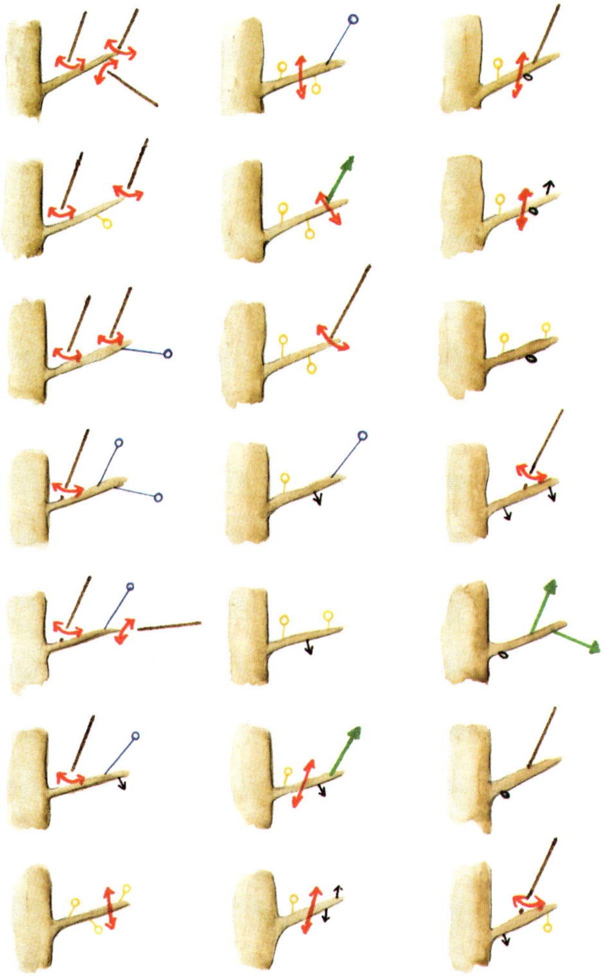

TAILLE DE FORMATION ET DE FRUCTIFICATION DES DIFFÉRENTES ESPÈCES FRUITIÈRES

Pour chaque espèce fruitière, les différentes parties suivantes seront abordées :

– la description : la partie aérienne de chaque espèce sera décrite afin que soient connues les différentes parties qui la composent. Cette connaissance est importante pour faciliter les interventions de taille et limiter les erreurs ;

– la conduite :
- le nom de la conduite,
- la distance de plantation,
- le porte-greffe utilisé,
- le palissage (s'il est nécessaire),
- la taille de formation (les périodes et les années sont indiquées pour un cas de « conduite idéale », un décalage d'une année est possible),
- la taille d'entretien ou de fructification.

L'ABRICOTIER

DESCRIPTION

L'abricotier comporte plusieurs parties :
– le bouquet de mai : pousse très courte comportant beaucoup de bourgeons à fleurs ;
– la chiffonne : pousse avec des bourgeons à fleurs latéraux et le bourgeon terminal à bois ;
– le rameau mixte : ce rameau comporte des bourgeons à fleurs et des bourgeons à bois.

CONDUITE

• LE GOBELET

Distance de plantation : 6-8 m x 6-8 m.
Porte-greffe (voir tableau p. 7).

Taille de formation

Plantation : rabattre le scion de 40 cm.

1er printemps : sélectionner les futures charpentières et pincer les autres afin de renforcer ces premières.

1er été :
– sélectionner 3 à 5 charpentières bien réparties ;
– pour les ports retombants, rabattre les charpentières d'un quart. Ne pas rabattre les charpentières pour les ports dressés afin d'éviter de rendre la structure encore plus rigide.

2ème hiver : effiler les charpentières, surtout dans la partie haute.

2ème été : effiler les charpentières dans la partie haute, supprimer les gourmands et les branches rentrant vers l'intérieur de l'arbre.

3ème hiver :

– effiler dans la partie haute et épointer les charpentières ;

– sélectionner les sous-charpentières.

Années suivantes :

– établir de nouveaux étages de sous-charpentières à bonne distance du premier étage, si nécessaire ;

– effiler la partie haute des charpentières ;

– supprimer les branches se superposant ;

– éliminer les branches poussant vers le centre.

Taille d'entretien

– Aérer le centre en éliminant les branches poussant vers l'intérieur.

– Effiler l'extrémité des charpentières.

– Si un rabattage est nécessaire, le faire sur une pousse d'au moins 2 ans.

LES AGRUMES

DESCRIPTION

Sous le nom « agrume », beaucoup de fruits sont regroupés, notamment ceux du genre *citrus*.

CONDUITE

• LE GOBELET

Taille de formation

Distance de plantation : 6 m x 7 m.

Plantation : le scion planté en automne est rabattu à 60 cm.

1er été : sélectionner 4 pousses les mieux placées, les autres sont raccourcies.

2ème printemps : les 4 charpentières sont rabattues de moitié pour renforcer la structure, les branches en excès sont éliminées.

Années suivantes :

– établir des sous-charpentières tous les 40 cm ;

– pincer l'extrémité des charpentières pour favoriser le repercement ;

– éliminer les branches concurrençant les charpentières et les sous-charpentières.

Taille de fructification

– Tailler plus sévèrement les arbres les plus faibles.

– Aérer le centre de l'arbre en éliminant les branches trop vigoureuses.

– Limiter la hauteur des charpentières pour favoriser les parties basses.

– Pour régénérer l'arbre, un rabattage très sévère des charpentières à 30 cm est possible. On appliquera à nouveau les mêmes principes de taille.

L'AMANDIER

DESCRIPTION

L'amandier peut atteindre une hauteur de 6 à 8 m.

Le système aérien comporte différentes parties :
– le gourmand : rameau vigoureux de plus de 50 cm ;
– le rameau mixte : ce rameau de 30 à 50 cm porte des bourgeons à fleurs et à bois ;
– la brindille : de 5 à 30 cm, elle porte 1 ou 2 bourgeons à fleurs.
– le bouquet de mai : cette production très courte est terminée par un œil à bois entouré d'un nombre important de bourgeons à fleurs. Elle est portée par des structures plus âgées.

Selon les variétés, les boutons floraux sont portés soit sur les rameaux d'un an, soit sur les bouquets de mai des rameaux plus âgés.

EXEMPLES DE VARIÉTÉS

Fructification sur jeune bois : AI.

Fructification sur bois de 2 ans et bouquets de mai : MARCONA, ARDÉCHOISE, FERRAGNES, TEXAS.

CONDUITE

• LE GOBELET PLEIN VENT

Taille de formation

Distance de plantation : 7 m x 6 m.

Plantation :
– planter le scion et le rabattre à 80 cm ;
– les anticipés sont taillés à 2 yeux dans la partie supérieure et rabattus sur les yeux axillaires dans la partie basse.

1er été : sélectionner 6 charpentières et pincer les autres.

2ème hiver :

– ne garder que 4 ou 5 charpentières, les autres étant éliminées ;

– tailler les charpentières aux deux tiers.

2ème été : éliminer les pousses concurrençant les charpentières sélectionnées.

3ème hiver :

– continuer l'installation des charpentières en éliminant les gourmands et les branches poussant vers le centre ;

– installer les sous-charpentières si la vigueur le permet ;

– rabattre le prolongement des charpentières aux deux tiers, sinon ne rien faire si la vigueur est bonne ;

– poursuivre l'installation des charpentières et des sous-charpentières.

Taille de fructification

Cette taille consiste à favoriser l'éclairement, à dégager les prolongements et à supprimer les branches gênantes. Tailler trop sévèrement risquerait de retarder la mise à fruit.

Pour les variétés comme AI, il est souhaitable de favoriser le repercement de jeunes rameaux. Pour les variétés fructifiant sur bouquets de mai, le renouvellement se fait en coupant de vieilles structures.

Avec l'âge, le rajeunissement est obligatoire en supprimant de vieilles structures.

LE CASSISSIER

DESCRIPTION

Le cassissier est un arbuste buissonnant de 0,60 à 1 m de haut. Les tiges s'allongent d'année en année. Les repercements sont nombreux à partir de la souche. La coloration du bois de l'année est plus claire que celle du vieux bois. Sur la plupart des variétés, les boutons floraux se situent à la base et à la partie médiane du bois d'1 an. Sur le bois de 2 ans, il existe des pousses courtes comprenant plusieurs boutons. Ces pousses courtes peuvent fructifier plusieurs années, mais les grappes sont plus belles et plus nombreuses sur le jeune bois.

CONDUITE

Traditionnellement, la conduite en touffe est préférée, mais la conduite sur tige est possible.

• LA TOUFFE

Taille de formation

Distance de plantation : 0,8-2 m x 2,50 m.

Plantation : planter les boutures racinées en enterrant le collet et les premières ramifications si elles existent, ne rien rabattre.

2ème année : rabattre au ras du sol afin de favoriser le départ de nouvelles pousses.

Taille de fructification

La fructification étant sur bois d'1 ou 2 ans, la taille consiste à privilégier les jeunes structures en supprimant les structures de plus de 2 ans. Le centre doit être bien aéré. Sélectionner les pousses, un excès affaiblit le pied.

• CONDUITE SUR TIGE

Pour cette conduite, le prélèvement des boutures s'effectue comme pour la conduite en touffe, mais leur longueur doit avoisiner les 70 cm. L'œil terminal est conservé. En automne, on met les boutures en terre en les ébourgeonnant sur 60 cm à partir de la base. Le cassissier a la particularité essentielle de s'enraciner rapidement.

Taille de formation

Distance de plantation : 0,40 x 2 m à 0,80 x 2 m selon la vigueur des variétés.

Palissage : mettre 1 rangée de fil de fer à 40 cm et une double rangée à 80 cm.

Plantation : planter la tige enracinée en l'attachant au fil placé à 40 cm.

2ème à 4ème années : aucune intervention de taille n'est pratiquée. La végétation est maintenue entre les deux fils de fer.

5ème année : élagage du vieux bois.

Taille de fructification

Tous les 3 ans, le vieux bois est élagué. La coupe possible au taille-haie est faite à 45° vers l'extérieur du rang.

LE CERISIER

DESCRIPTION

Selon l'origine des variétés, la partie aérienne diffère. Toutefois, différentes parties sont présentes, seules les proportions changent :

– le gourmand : pousse très vigoureuse ;

– le rameau mixte : rameau porteur d'yeux à bois et de boutons à fleurs ;

– la chiffonne : pousse de 10 à 20 cm portant des boutons à fleurs isolées et un œil à bois terminal ;

– le bouquet de mai : pousse de 3 à 4 cm portant un nombre important de boutons à fleurs et un œil à bois terminal. La pousse peut produire pendant 12 ans. Elle se trouve sur le bois de 2 ans et plus.

CONDUITE

• LE GOBELET DIFFÉRÉ

Distance de plantation : 4-6 m x 4-6 m.

Porte-greffe : vigueur faible à fort.

Taille de formation

Plantation : planter le scion et le rabattre à 70 cm.

1er été :

– sélectionner 4 rameaux espacés le plus régulièrement possible ;

– pincer les autres.

2ème hiver :

– ne conserver que 3 charpentières bien ouvertes ;

– pour les variétés faibles, rabattre les charpentières aux deux tiers, pour les autres variétés, ne rien faire ;

2ème été : effiler les prolongements et éliminer les pousses poussant vers l'intérieur.

– sélectionner un premier étage de sous-charpentières à 1,20 m.

Années suivantes :

– effiler les prolongements ;

– sélectionner de nouveaux étages de sous-charpentières alternativement à droite et à gauche pour éviter la superposition des branches.

Taille d'entretien

Cette taille consiste à effiler la partie haute des charpentières et à éliminer les branches poussant vers l'intérieur. Les sous-charpentières ne doivent pas être en excès et se chevaucher. Elles peuvent être rabattues pour favoriser le départ de nouvelles pousses.

GOBELET DIFFÉRÉ
Variétés faibles.

Plantation.

1er été.

2ème et 3ème hiver.

Années suivantes.

GOBELET DIFFÉRÉ
Variétés fortes.

Plantation.

1er été.

2ème et 3ème hiver.

Années suivantes.

• LE GOBELET RENAUD
Distance de plantation : 4-6 m x 4-6 m.
Porte-greffe : vigueur moyenne à forte.

Taille de formation

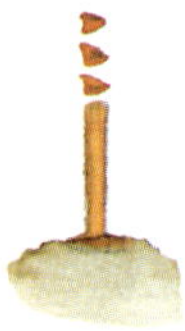

Plantation : planter le scion et le rabattre à 60 cm.

1er été : sélectionner 5 à 12 charpentières suivant la vigueur de la variété.

2ème hiver : continuer la sélection sans rabattre les charpentières.

Années suivantes :
– continuer de former les charpentières en les effilant ;
– tous les rameaux concurrençant les charpentières en position latérale et verticale sont pincés.

Taille d'entretien

Tous les rameaux verticaux et latéraux sont pincés. Sous le poids des fruits, les charpentières effilées s'ouvrent. On renouvelle les charpentières trop ouvertes au fil des ans en les coupant.

	PRUNUS AVIUM		*PRUNUS ACIDA*	*PRUNUS CERASUS*	
	CERISES DOUCES		**CERISES**	**CERISES ACIDES**	
	Bigarreaux	Guignes	Cerises anglaises	Amarelles	Griottes
PORT	érigé		érigé	buissonnant	
DÉVELOPPEMENT	grand		moyen	petit	
FEUILLES	longues, pendantes		grandes, dressées	petites, arrondies, dressées	
RAMEAUX	trapus		intermédiaires	grêles	
BOUTONS	sur bouquets de mai et rameaux mixtes		intermédiaires	sur chiffonnes	
FLEURS	grandes			petites	
FÉCONDATION	auto-incompatible		auto-incompatible	auto-compatible	
FRUIT CALIBRE	gros		intermédiaire	petit	
CHAIR	ferme, sucrée	molle, sucrée	molle, sucrée/acidulée	molle, acidulée	molle, acidulée
JUS	incolore	coloré	incolore à peu coloré	incolore	coloré
PÉDONCULE	long		long	court	

LE CHÂTAIGNIER

DESCRIPTION

Les rameaux sont trapus. Les jeunes pousses de l'année sont brun rougeâtre. Les bourgeons végétatifs donnent les rameaux et les bourgeons mixtes donnent les pousses fertiles. Les pousses de l'année portent les fructifications.

CONDUITE

Le châtaigner a un fort développement et nécessite de grands jardins.

• LE GOBELET AVEC UN TRONC À 1 M

Taille de formation

Distance de plantation : 10 m x 10 m.

Plantation : mise en place du scion.

1er été : pincer les pousses latérales.

2ème hiver : rabattre l'axe à 1,20 m et supprimer les pousses latérales.

2ème été :

– sélectionner 4 rameaux bien ouverts (30 à 40° par rapport à la verticale) et les épointer pour favoriser le départ des bourgeons inférieurs ;

– les autres rameaux sont éliminés.

3ème hiver : rabattre les rameaux aux deux tiers sur un œil extérieur. Ce rabattage va favoriser la formation de sous-charpentières.

3ème été : épointer le prolongement des charpentières et des sous-charpentières.

Années suivantes : continuer d'établir les charpentières et les sous-charpentières.

Taille d'entretien

Le centre de l'arbre doit être aéré par élimination des branches trop verticales et trop retombantes. Les branches superposant les sous-charpentières sont coupées. Étant donné la vigueur du châtaignier, un gourmand oublié par la taille peut devenir une gêne pour les structures établies, l'élimination au fur et à mesure des branches trop vigoureuses est conseillée.

LE COGNASSIER

DESCRIPTION

Le cognassier est un petit arbre buissonnant.

CONDUITE

• LE GOBELET DIFFÉRÉ

Taille de formation

Distance de plantation : 6 m x 6 m.

Porte-greffe : le cognassier de Provence (BA 29).

Plantation : planter le scion en le rabattant à 80 cm.

1er été : sélectionner 4 à 5 charpentières, les pousses trop vigoureuses sont pincées.

2ème et 3ème hiver :

– raccourcir de deux tiers à la moitié les charpentières selon la vigueur. Cette taille sévère est nécessaire pour donner de la vigueur à l'arbre ;

– éliminer toutes les branches concurrentes des axes ou trop vigoureuses ;

– éliminer les branches poussant vers le centre de l'arbre.

Années suivantes : suivant la vigueur des arbres, l'installation des charpentières et des sous-charpentières se poursuit. Si une charpentière semble en excès, son élimination permettra un meilleur développement des autres.

Taille d'entretien

- Effiler les pointes des charpentières.
- Éviter les branches se superposant.
- Supprimer les branches poussant vers l'intérieur.
- Pour redresser le port de l'arbre après quelques années, il est possible de rabattre la charpentière sur une branche poussant vers l'intérieur.

Le poids des fruits jusqu'à 1,500 kg provoque des fléchissements rapides des branches latérales. Il est possible de les rabattre pour consolider la structure. Une production de fruits proche des branches principales est favorable à la qualité du fruit (meilleure alimentation du fruit) et au maintien de la forme prévue initialement.

LE FRAMBOISIER

DESCRIPTION

Il existe deux cycles pour le système aérien :

– un cycle bisannuel : les pousses se développent la première année et fleurissent en mai la deuxième année ;

– un cycle annuel : les pousses se développent et fleurissent la même année.

CONDUITE DES VARIÉTÉS À CYCLE BISANNUEL

Quel que soit le palissage employé, la conduite est semblable.

Distance de plantation : 0,50 m x 2,5 m.

Printemps. Croissance de nouvelles pousses — *Eté* — *Fin d'été*

Plantation :

– en novembre, les framboisiers sont plantés tous les 50 cm ;

– tailler les plants à 20 cm.

1ère année : enlever les fructifications éventuelles afin de favoriser le développement de la touffe.

2ème année :

– supprimer les pousses initiales desséchées qui risquent de contaminer les pousses naissantes ;

– suivant la vigueur des cannes, les fructifications peuvent être laissées.

3ème année : le véritable cycle de taille intervient et se répétera les années suivantes :

– taille d'élagage : on supprime les vieilles cannes desséchées au ras du sol d'une manière très stricte afin d'éviter la propagation des maladies. Les cannes desséchées sont brûlées ;

– taille de sélection : selon les variétés, la distance entre les cannes varient de 10 à 15 cm. Seules les cannes les plus vigoureuses, indemnes de maladies et non fourchues sont conservées. Mieux vaut conserver quelques cannes vigoureuses que de nombreuses cannes faibles et malades ;

– taille de fructification : la longueur des cannes est diminuée afin d'assurer une récolte de fruits de beau calibre.

Variétés remontantes :

LES DIFFÉRENTS PALISSAGES

Le palissage vertical simple

Les cannes sont attachées sur 2, voire 3 fils de fer. On ramène les pousses de l'année vers le système de conduite en tendant un fil de fer souple. La récolte passée, les anciennes cannes sont brûlées et les nouvelles après sélection sont fixées.

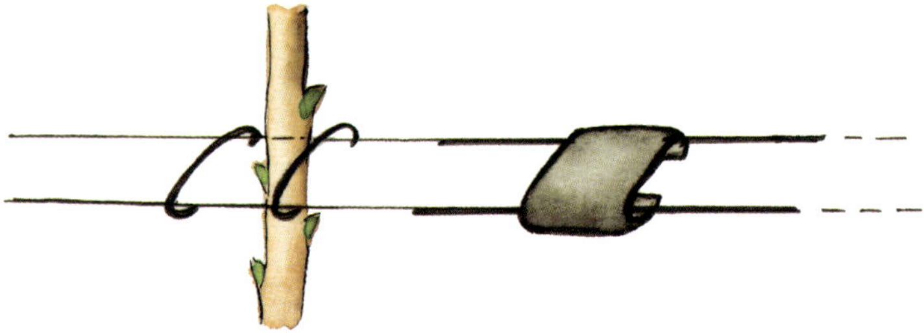

Le palissage vertical double

Les cannes sont coincées entre 2 fils de fer souple. Les 2 fils sont ramenés par des crochets simples ou larges. La qualité du palissage dépend du nombre de crochets. Les nouvelles cannes sont ramenées vers le palissage par des fils de fer souples supplémentaires. Une fois la récolte achevée, les fils sont enlevés. Les vieilles cannes sont coupées très soigneusement au ras du sol. Il suffit alors de ramener les fils qui rabattront les nouvelles cannes vers le système de palissage.

Le palissage en croix de Lorraine renversée

Les cannes attachées individuellement sur les deux fils de part et d'autre laissent la place au centre aux nouvelles pousses. La production achevée, les vieilles cannes sont éliminées et les nouvelles sont fixées de part et d'autre sur les fils de fer.

CONDUITE DES VARIÉTÉS À CYCLE ANNUEL

Une fois que les cannes ont produit, elles sont coupées soigneusement au ras du sol. Les pousses qui vont produire l'année même de leur développement sont maintenues entre 2 fils de fer souples.

La durée de vie des touffes ne dépasse pas les 10 ans.

LE GROSEILLIER À MAQUEREAUX

DESCRIPTION

Le groseillier à maquereaux a un port buissonnant d'une taille inférieure à 1 m. Le renouvellement à partir de la base est abondant. Les boutons à fleurs sont sur les parties jeunes.

CONDUITE

• LA TOUFFE

Taille de formation

Distance de plantation : 1,20 m x 2,5 m.

1ère année : plantation des boutures racinées.

2ème année : en hiver, tailler sur le deuxième œil les pousses de l'année pour démultiplier les branches.

Taille de fructification

Couper les vieilles branches porteuses, car la production de fruits s'effectue sur bois jeune. Les branches en excès sont éliminées.

LE GROSEILLIER À GRAPPES

DESCRIPTION

Le groseillier à grappes est un arbuste buissonnant de 0,80 m à 1 m de haut. Les tiges s'allongent d'années en années, le rajeunissement s'effectuant à partir de la souche. Les rameaux de l'année sont de coloration plus claire que le vieux bois. Les boutons floraux se situent sur les brindilles et sur les lambourdes des bois de 2 ans. La fructification est faible sur les pousses de l'année.

CONDUITE

La conduite la plus traditionnelle est la touffe.

• LA TOUFFE

Taille de formation

Distance de plantation : 1 m à 1,50 m x 2 m.

Plantation

Été 1

1ère année : plantation sans rabattage des boutures racinées.

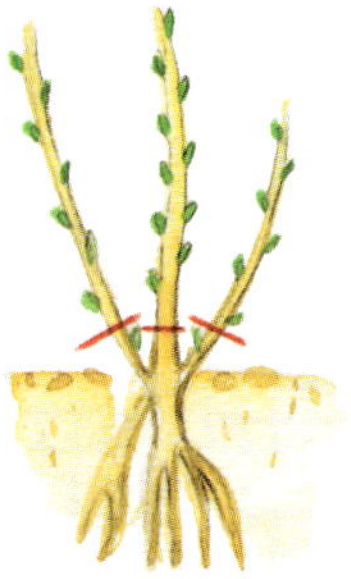

Hiver 2

Été 2

2ème année : tailler sur le premier œil favorisant le départ massif des pousses.

Taille de fructification

Les branches de 4 à 5 ans seront éliminées, car la fructification est importante sur bois de 2 et 3 ans.

Le centre de la touffe doit être évidé afin de favoriser le repercement. Une dizaine de branches par touffe suffisent largement pour assurer une récolte importante, trop de branches reporte la fructification à la périphérie du buisson (plus le fruit est près des grosses branches, mieux il est alimenté).

OBTENTION DES BOUTURES RACINÉES

- Prélever des boutures de 20 cm sur les beaux rameaux.
- Les mettre en jauge en décembre.
- Les planter au printemps.
- Les mettre en place l'année d'après.

LE KIWI

DESCRIPTION

Différentes parties sont présentes :

– le gourmand : pousse très vigoureuse n'ayant que des yeux à bois ;

– les rameaux mixtes : ces pousses comportent des yeux à bois et des bourgeons à fleurs.

Les pousses fructifères proviennent des yeux situés sur une branche végétative de l'année précédente ou d'un rameau qui a donné des fruits. Les pousses végétatives proviennent des yeux près des pousses ayant déjà produit et des yeux latents. Il existe des pieds mâles et des pieds femelles.

CONDUITE

• LE CORDON SIMPLE

Distance de plantation : 5 m x 2,5 m.

Palissage : piquets de 1,80 m de haut distants de 5 à 6 m les uns des autres, avec 2 ou 3 rangées de fil de fer.

Taille de formation

Plantation : planter les plants en respectant 1 pied mâle pour 7 pieds femelles et les rabattre en dessous du dernier fil de fer.

1ère année :

– conserver le rameau le plus vigoureux et le palisser sur le piquet. Sélectionner les rameaux les plus hauts sur le pied rabattu afin que le cordon soit le plus horizontal possible. La future charpentière doit être dirigée dans le sens de son départ pour éviter les irrégularités de vigueur ;

– supprimer les pousses latérales sur le rameau principal.

2ème hiver : raccourcir le rameau.

2ème printemps : palisser le rameau à l'horizontale.

2ème été : sélectionner une deuxième charpentière qui sera palissée sur le côté opposé à la première.

3ème hiver : poursuivre l'allongement des charpentières.

Taille de fructification

– Raccourcir les rameaux à 4 yeux après le pédoncule du dernier fruit.

– Supprimer les gourmands.

– L'arcure provoquée par le poids des fruits engendre à la base des repercements qui assurent le renouvellement des latérales pour 3 ans.

REMARQUES

– Éliminer les fleurs les 2 premières années pour favoriser le développement des charpentières.

– Ne pas enrouler les charpentières autour du fil de fer.

– L'action de rabattre les gourmands sur les premières feuilles malformées permet de rendre exploitables les pousses plus faibles qui en sont issues.

– Ne sélectionner qu'une charpentière par côté.

LE MYRTILLIER ARBUSTIF

DESCRIPTION

Le myrtillier est une plante buissonnante de 1,50 m à 2,50 m de haut.

CONDUITE

Étant donné la spécificité du myrtillier à pousser dans des terrains acides, il est nécessaire de préparer le terrain avant la plantation :

– creuser des trous de 35 x 30 cm ;

– apporter 15 l de tourbe brune dont une partie autour de la motte du plant, le reste est mélangé à la terre de manière à faire une légère motte ;

– mouiller la tourbe ;

– pailler avec des copeaux de bois ou d'écorce broyée en ajoutant de la sciure de bois.

Taille de formation

Distance de plantation : 1,50-2 m x 2,50 m.

Plantation : ne pas tailler à la plantation.

1ère année : éliminer les fleurs éventuelles pour favoriser le développement des plants.

2ème année : poursuivre le développement des plants.

Taille de fructification

– Éliminer le vieux bois qui a déjà produit plusieurs fois.

– Bien éclaircir le centre pour éviter l'étouffement de l'arbuste.

MULTIPLICATION

La multiplication des plants étant délicate, il est préférable d'acheter des plants en pot.

LE NÉFLIER

DESCRIPTION

Le néflier est un arbuste dont les branches sont tortueuses.

CONDUITE

• LE GOBELET
Distance de plantation : 3-4 m x 3-4 m.
Porte-greffe : cognassier.

Taille de formation

Plantation : planter le scion et le rabattre à 80 cm.

1er été : sélectionner 5 charpentières, les autres étant pincées.

2ème et 3ème hiver : ne garder que 4 charpentières.

Années suivantes : continuer d'établir les charpentières.

Taille de fructification

– Dégager le centre de l'arbre.
– Éviter les superpositions de branches.

LE NOISETIER

DESCRIPTION

Le noisetier est un buisson de 2 à 5 m de haut. Le drageonnement est important. Le repercement à la base est fort, mais avec l'âge, la tendance se perd. Cette caractéristique expliquera les 2 modes de conduite. Les fructifications sont situées sur le bois d'un an. Les rameaux sont issus des bourgeons végétatifs ou des glomérules. Le bourgeon terminal avorte ou se met à fruits.

CONDUITE

• LA TOUFFE

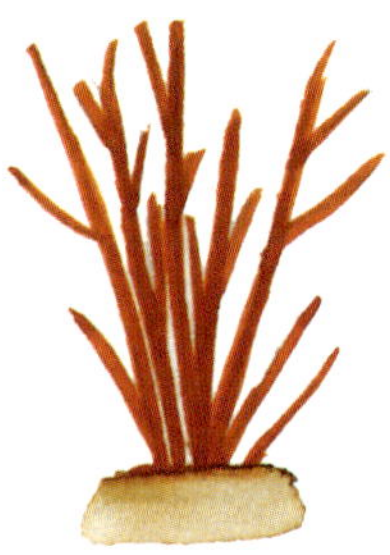

Jeune âge.

Interventions.

Cette forme associe l'aspect très décoratif et la production de noisettes, ce premier étant renforcé avec des noisetiers à feuillage pourpre. Le repercement naturel permet aisément la conduite en touffe. Avec l'âge, de grosses structures apparaissent, le repercement se limite. La taille d'entretien consiste à éliminer le bois endommagé et malade. Quelques vieilles structures peuvent être coupées pour diminuer le volume de la touffe.

LE MARCOTTAGE

– Rabattre au ras du sol une partie de la touffe.

– Fin mai-début juin, les rejets ont une longueur de plus de 25 cm. Effeuiller la base sur 20 cm puis placer un fil de métal mince très souple à la base de l'œil, sans serrer. Butter de terre fine.

– Des racines vont naître au-dessus du fil de fer.

– En hiver, récolte des marcottes.

• CONDUITE SUR TIGE

Taille de formation

Porte-greffe : propres racines.
Distance : 5 m x 3 m.

Plantation :

– planter les marcottes en éliminant les bourgeons végétatifs de la base (formation du futur tronc) ;

– rabattre à 1 m la marcotte, les ramifications latérales sont taillées à 2 yeux pour favoriser de nouveaux départs vigoureux. Les départs en dessous de 60 cm sont supprimés (formation du futur tronc).

1er été : éliminer les départs en dessous de 60 cm.

2ème hiver :

– sélectionner 5 charpentières si le nombre le permet, éliminer les autres ;

– sinon, tailler de nouveau à 2 yeux toutes les autres pousses pour favoriser de nombreux départs ;

– éliminer les pousses en dessous de 60 cm.

Années suivantes :

– respecter scrupuleusement l'équilibre des charpentières. La dominance d'une ou deux charpentières sur les autres entraînera le déséquilibre total de l'arbre ;

– éliminer les branches concurrençant les charpentières et celles poussant vers le centre.

Taille d'entretien

– Aérer le centre.

– Supprimer les branches se croisant et trop vigoureuses. Les charpentières doivent toujours prédominer sur les autres branches.

L'arbre vieillissant, il est nécessaire de rajeunir les structures très sévèrement afin que d'autres départs assurent une masse de bois jeune. En deux ans, la production de fruits redevient normale.

LE NOYER

DESCRIPTION

Le noyer présente des structures puissantes. Durant les 40 premières années, son port est érigé pour devenir ensuite pleureur. Sa fructification est sur le bois de l'année.

CONDUITE

La plantation de noyer a deux finalités : la production de noix et la vente du tronc. La conduite en haute tige sera préférée. Toutefois, si seule la production de fruits est recherchée, le gobelet différé conduit en basse tige est le mieux approprié.

• LE GOBELET DIFFÉRÉ À 3 CHARPENTIÈRES EN BASSE TIGE

Taille de formation

Porte-greffe : juglans nigra.

Distance de plantation : 10 m x 7 m.

Plantation :

– planter un scion âgé de 2 ans ;

– le rabattre à 1,20 m ;

– éliminer tous les yeux principaux au bénéfice des yeux secondaires qui donneront des charpentières à angle ouvert.

1er été : sélectionner 3 à 4 pousses, pincer les autres.

2ème hiver :

– ne garder que 3 charpentières, éliminer les autres pousses ;

– les rabattre aux deux tiers.

3ème hiver :

– rabattre les prolongements aux deux tiers, voire aux trois quarts ;

– laisser une sous-charpentière par charpentière. Si la sous-charpentière est vigoureuse, ne pas la tailler. Par contre, si elle est faible, un tiers doit être supprimé ainsi qu'une partie des pousses fructifères ;

– éliminer les branches concurrentes des charpentières.

3ème été : pincer les pousses trop vigoureuses.

2ème été : pincer les pousses très vigoureuses qui risqueraient de concurrencer les charpentières établies. Ce travail d'été permet de favoriser la croissance des charpentières et d'éliminer des branches de faible diamètre avec une cicatrisation des plaies plus rapide.

4ème hiver :

– rabattre aux deux tiers le prolongement des charpentières ;

– selon la vigueur, établir un deuxième étage de sous-charpentières, sinon attendre les années suivantes ;

– supprimer les branches concurrentes des charpentières ou des sous-charpentières ;

– si la vigueur est faible, la taille doit être plus sévère.

5ème hiver :

– si la vigueur le permet, les charpentières ne sont plus rabattues ;

– les branches concurrentes sont supprimées.

Taille d'entretien

Cette taille consiste à aérer le centre de l'arbre, à éliminer les branches en excès concurrençant les charpentières et les sous-charpentières.

LE PÊCHER

DESCRIPTION

Le port est arrondi et la ramification est très importante. La jeune pousse est de couleur rouge. En vieillissant, la pousse prend une couleur terne. L'œil terminal est végétatif, les yeux latéraux sont isolés ou groupés par 2, souvent par 3.

Les fruits sont portés par le bois de l'année.

Le pêcher comprend différentes coursonnes :

– le gourmand : cette pousse très vigoureuse ne porte que des yeux à bois ;

– le rameau à bois : parfois présent ;

– le rameau mixte : cette pousse de 30 à 80 cm porte des bourgeons à bois et à fleurs ;

– la chiffonne : cette coursonne de 10 à 20 cm porte des boutons à fleurs latéraux isolés, l'œil terminal est à bois ;

– le bouquet de mai : l'œil terminal est entouré de quelques boutons à fleurs.

CONDUITE

• LE GOBELET DIFFÉRÉ

Distance de plantation : 5-6 m x 4-6 m.

Porte-greffe : voir tableau p. 6-7.

Taille de formation

Plantation : planter le scion et le rabattre à 80 cm.

1er été :

– sélectionner 5 charpentières distantes de 20 cm ;

– pincer les autres.

2ème et 3ème hiver :
– effiler les pointes des charpentières sans les rabattre ;
– aérer le centre de l'arbre.

Années suivantes :
– établir les sous-charpentières à 1 m du sol puis les suivantes à 70 cm des premières ;
– effiler les pointes.

Taille de fructification

– Effiler les pointes.
– Aérer le centre de l'arbre.
– Éliminer les branches poussant vers l'intérieur.
– Sur les charpentières, les rameaux mixtes sont conservés tous les 20 cm.
– La taille de fructification est une taille longue.

Le pêcher produit sur le bois d'un an. Les rameaux mixtes sont recherchés. La taille longue consiste à rabattre les rameaux ayant fructifié sur le premier rameau de repercement. Ne sont conservés que les rameaux horizontaux espacés de 20 à 40 cm. Les rameaux trop longs peuvent être épointés. Un rameau mixte de bonne vigueur donne à la base des rameaux mixtes qui vont assurer le renouvellement.

• L'AXE VERTICAL
Distance de plantation : 1,50 m x 4 m.
Porte-greffe : voir tableau (p. 6-7).
Palissage : un piquet par arbre.

Taille de formation

Plantation : planter le scion sans le rabattre.

1er été :
– sélectionner 4 à 5 pousses qui deviendront la structure de base ;
– effiler la pointe ;
– éliminer les pousses concurrençant l'axe et les charpentières sélectionnées ;
– éliminer les pousses trop basses.

2ème hiver :
– sélectionner 4 charpentières bien réparties ;
– effiler la pointe sans la rabattre (si la pointe est cassée, choisir un repercement qui prendra son rôle).

2ème été : éliminer les pousses en excès et celles concurrençant l'axe.

Années suivantes :

– continuer d'établir les charpentières ;

– éliminer les pousses concurrentes.

Taille de fructification

– Utiliser la taille longue.
– Effiler la pointe.
– L'axe peut être rabattu à la hauteur voulue sur un repercement.

A. Bourgeon d'hiver.

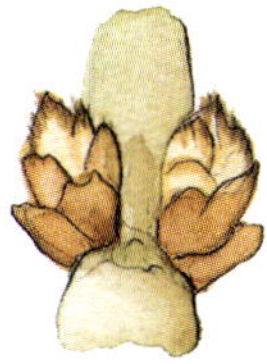

C. Bourgeon gonflé.

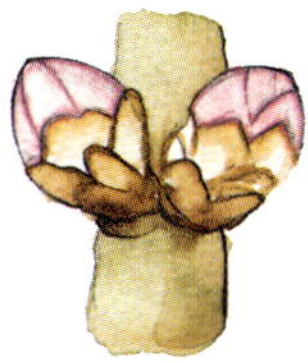

C. Apparition du calice (pointe blanche).

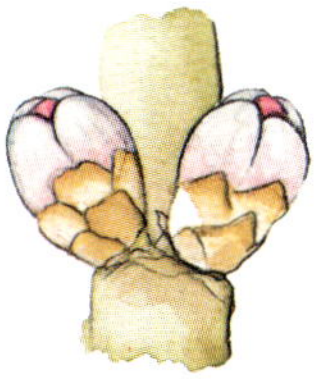

D. Apparition de la corolle rose…

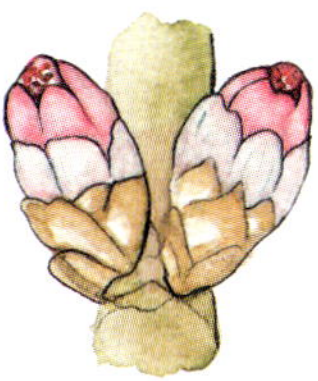

E. … puis des étamines.

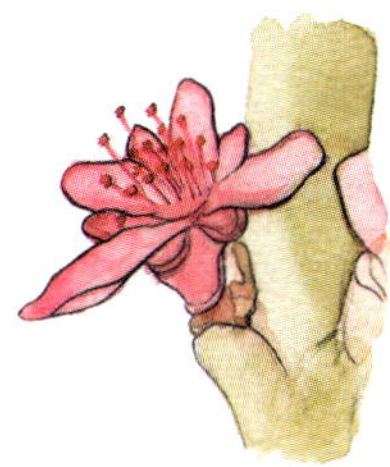

F. Pleine floraison.

G. Chute des pétales et fécondation de la fleur.

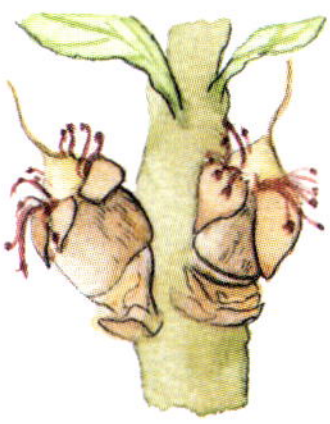

H. Nouaison : apparition du fruit noué.

I. Jeunes fruits

LE POIRIER

DESCRIPTION

Le port des principales variétés de poirier est pyramidal et très érigé. Le poirier est composé de nombreuses parties :

– « l'œil à bois » : ce bourgeon est simple ou accompagné d'yeux stipulaires ;

– le bouton à fleur : il forme la lambourde avec son support ;

– le dard : ce bourgeon est très pointu. La phase « dard » est la phase transitoire entre le bourgeon à bois et le bouton à fruit, cette étape étant de durée variable ;

– la brindille : mesurant de 10 à 30 cm, elle porte des bourgeons à bois ;

– la brindille couronnée : c'est une brindille avec un bourgeon à fleur à l'extrémité ;

– le rameau à bois : de 25 à 50 cm, il porte des bourgeons à bois ;

– le gourmand : ce rameau est très vigoureux avec un fort empâtement ;

– la bourse : cette partie est née après la fructification. Elle se constitue au point d'insertion du pédoncule. Elle est porteuse de dards et de brindilles.

CONDUITE

Il existe de nombreuses formes de conduite du poirier, le choix peut être déterminé par la vigueur de la variété. L'axe vertical et le U moderne conviennent mieux aux variétés moins vigoureuses.

• AXE VERTICAL
Distance de plantation : 2 m x 4 m.
Porte-greffe : cognassier de Provence BA 29.

Taille de formation

Plantation : planter le scion sans le rabattre.

1er été : éliminer les pousses concurrentes de l'axe.

2ème et 3ème hiver :

– effiler l'axe dans sa partie haute, supprimer le bourgeon terminal qui est souvent à fleur ;

– sélectionner les charpentières de la base qui sont les moins dressées. Il est possible de mettre un petit poids afin de limiter la verticalité de la branche ;

– éliminer les branches trop basses qui gênent le passage des outils et qui risquent de toucher le sol une fois la mise à fruit.

Années suivantes :

– continuer d'établir les charpentières de la base ;

– faire un deuxième étage de charpentières décalées par rapport à celles de la base en respectant la forme « sapin ». La superposition de charpentières risque de diminuer considérablement la mise à fruit du premier niveau par manque d'éclairement ;

– épointer l'axe ;

– éliminer les branches trop vigoureuses et trop droites ;

– la hauteur de l'axe peut être rabattue sur un nouveau départ afin de diminuer la hauteur. Cette nouvelle pointe reprendra le rôle de l'ancienne.

Taille de fructification

La taille de fructification est en fait une taille de renouvellement dont le principe est le suivant : le rameau d'un an non rabattu se couvre de boutons et de brindilles par arcure naturelle (le rameau à l'origine doit être incliné, le poids des feuilles et du bois créeront une arcure naturelle). Le poids des fruits accentuera cette arcure naturelle. Le rameau bientôt à l'horizontale doit être maintenu dans cette situation parfaite pour la mise à fruit. Afin que la branche ne fléchisse pas complètement, les brindilles retombantes sont éliminées. On peut pratiquer une taille courte en rabattant le rameau sur le 5e bouton floral. Si les bourgeons sont des dards, ne pas intervenir afin d'assurer l'évolution du dard en bouton à fleur… Au bout de 3 à 4 ans, le rameau est rabattu le plus près possible de la charpentière, sur un œil à bois ou sur un repercement. Il ne faut pas laisser tous les rameaux, le choix consiste à créer un arbre équilibré sur 3 à 4 ans flottants. L'élimination d'une branche peut avoir des conséquences sur les futures récoltes. Toutefois, les erreurs peuvent être facilement réparées étant donné une certaine liberté de développement de l'arbre.

• CONDUITE EN U MODERNE (forme moderne du U simple)
Distance de plantation : 1,20 m x 3-4 m.
Porte-greffe : cognassier de Provence BA 29.
Palissage : 3 hauteurs de fils de fer.

Taille de formation

Plantation : planter le scion et le rabattre à 30 cm.

1er été : palissage oblique des 2 rameaux.

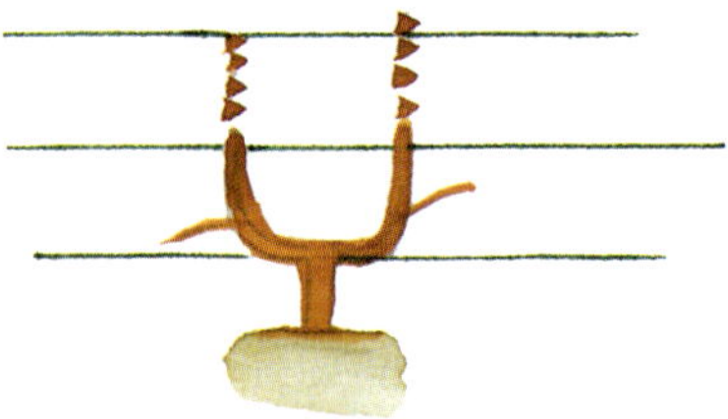

2ème hiver : tailler les 2 rameaux à 40 cm.

2ème printemps : palisser à l'horizontale puis à la verticale.

2ème été : éliminer les gourmands poussant vers l'intérieur.

Années suivantes :

– tailler les prolongements à 40 cm ;

– en été, sélectionner les prolongements ;

– éliminer les gourmands ;

– on limite la hauteur du U en rabattant les axes sur une pousse.

Taille de fructification
Voir taille de renouvellement de l'axe.

• LE GOBELET
Distance de plantation : 7 m x 7 m.
Porte-greffe : cognassier de Provence BA 29.

Taille de formation

Plantation : planter le scion et le rabattre à 80 cm.

1er été : sélectionner 5 charpentières, les autres sont pincées.

2ème hiver :

– seules 3 charpentières sont conservées ;

– pour les variétés vigoureuses, ne rien rabattre. Pour les variétés faibles, rabattre les charpentières d'un tiers à la moitié pour les renforcer.

2ème été :

– continuer d'établir les charpentières en les épointant et en les effilant en partie haute ;

– éliminer les rameaux trop vigoureux.

3ème hiver : pour les variétés faibles, rabattre les prolongements d'un tiers.

Années suivantes :

– établir des étages de sous-charpentières tous les 50 à 60 cm, les maintenir à l'horizontale en les rabattant ;

– effiler les pointes des charpentières en éliminant le bourgeon terminal s'il est à fruit ;

– éviter les superpositions des branches ;

– la limitation de la hauteur se fait en rabattant la charpentière sur une branche allant vers l'extérieur. Par contre, si les charpentières s'affaissent trop, il est possible de les redresser en les rabattant sur une branche poussant vers l'intérieur.

Taille de fructification

Pour les arbres de petit volume, la taille longue est pratiquée. Pour les autres, la taille de fructification est plutôt une taille d'entretien.

Évolution d'une pousse

LE POMMIER

DESCRIPTION

De l'œil à bois au gourmand, le pommier présente les mêmes parties quelles que soient les variétés :

– le gourmand : cette pousse, d'une longueur supérieure à 40 cm, ne porte que des yeux à bois ;

– le rameau à bois : il croît jusqu'à 40 cm pendant 2 à 5 mois ;

– la brindille : résultant de l'évolution d'un bourgeon à bois, cette pousse d'une vingtaine de centimètres peut présenter un bourgeon terminal à fleur, la brindille est dite couronnée ;

– la lambourde : issue de la transformation d'un bourgeon à bois, cette pousse très courte a un bourgeon à fleur ;

– l'anticipé : cette pousse est issue d'un œil à bois l'année même de sa formation.

CONDUITE

Étant donné l'importance du pommier dans le verger français, les techniques de conduite sont nombreuses et variées. Seront citées quelques formes de plein vent, palissées et tuteurées.

• LE GOBELET DIFFÉRÉ

Distance de plantation : 7 m x 7 m.

Porte-greffe : vigoureux.

Taille de formation

Plantation : planter un scion et le rabattre à hauteur de ceinture. Si des anticipés sont bien placés, il est possible de les conserver comme futures charpentières. Sinon, en cas de doute, il est préférable de les supprimer.

1er été :

– choisir au moins 3 branches comme futures charpentières. Le cas idéal serait des branches également situées. Ces pousses doivent être bien ouvertes (90°). Si le pommier présente moins de 3 départs, ils seront rabattus pour favoriser de nouveaux départs ;

– supprimer les pousses trop basses.

2ème printemps : faire une taille de finition.

2ème été :

– installer les charpentières en ne les rabattant pas.

Pour les arbres peu vigoureux, il est conseillé de rabattre les charpentières d'un tiers afin de consolider la structure. Le rabattage du prolongement des charpentières est à poursuivre plusieurs années de suite jusqu'à l'établissement total de la structure ;

– établir un premier étage de sous-charpentières.

Années suivantes : continuer d'installer les charpentières et les sous-charpentières.

Taille d'entretien

Afin de favoriser l'inclinaison des charpentières pour accélérer la mise à fruit, sont éliminées : les branches poussant vers l'intérieur du gobelet, les branches concurrentes des charpentières et les branches se croisant ou se superposant. Les pointes des charpentières sont effilées. La hauteur est limitée naturellement par l'inclinaison des charpentières sous le poids des fruits et des feuilles. La présence de sous-charpentières accentue ce phénomène. Une fois l'équilibre mise à fruit/vigueur atteint, il est possible de diminuer la hauteur des charpentières sur un départ vers l'extérieur. Par contre, si les charpentières tendent trop à s'affaisser, il est possible de redresser ces structures en rabattant sur une branche de dessus.

• LA FORME PYRAMIDALE

Distance de plantation : 7 m x 7 m.

Porte-greffe : vigoureux.

Taille de formation

Plantation :

– planter un arbre couronné de 2 ans avec au moins 5 branches ;

– sélectionner un axe central et 3 ou 4 charpentières ayant un angle de 45°. Les rabattre d'un tiers, les charpentières étant rabattues sur un œil extérieur.

Années suivantes :

– rabattre le prolongement des charpentières d'un tiers sur un œil extérieur. Le prolongement de l'axe central est aussi rabattu d'un tiers sur un œil qui n'est pas toujours du même côté afin de respecter la notion d'axe ;

– les sous-charpentières sont établies tous les 80 cm, le plus horizontalement possible et en évitant celles concurrentes des charpentières.

Taille d'entretien

– Favoriser la formation de bois jeunes en éliminant les pousses âgées. Ce renouvellement doit être progressif pour éviter le départ de gourmands.

– Éliminer les branches rentrant vers l'intérieur, qui se croisent et qui se superposent.

• LE DRAPEAU MARCHAND
Distance de plantation : 3-4 m x 2-3 m.
Porte-greffe : moyen à faible.
Palissage : 4 fils de fer à 50 cm de distance.

Taille de formation

Plantation : planter obliquement un scion entre 35° et 45°.

1ère année :
– les rameaux apparaissant sur la partie supérieure sont palissés en sens opposé du tronc ;
– le prolongement est rabattu aux deux tiers.

Années suivantes :
– les charpentières sont établies tous les 25 à 30 cm. Au fil du temps, une sur deux est supprimée ;
– le prolongement est rabattu aux deux tiers ;
– les pousses verticales sont éliminées, seules les pousses latérales sont maintenues.

Taille de fructification
Principe de la taille de renouvellement.

• LA PALMETTE HORIZONTALE
Distance de plantation : 3-4 m x 1,80-3 m.
Porte-greffe : faible.
Palissage : 4 étages de fils de fer distants de 50 à 70 cm.

Taille de formation

Plantation : planter le scion et le rabattre sur 3 yeux 10 cm en dessous du premier niveau de fil de fer.

2ème année : palisser 2 rameaux sur le premier étage, le troisième est rabattu 10 cm en dessous du deuxième fil de fer.

3ème année :

– palisser les deux rameaux sur le deuxième étage et rabattre le troisième 10 cm en dessous du troisième fil ;

– supprimer les pousses verticales de la première charpentière et ne garder que les pousses latérales.

Années suivantes : l'établissement de charpentières se poursuit en respectant ce principe de conduite. Un nouvel étage de charpentière n'est formé que si l'étage inférieur est bien établi.

Taille de fructification

– Supprimer les pousses verticales et ne conserver que les pousses latérales.

– Principe de la taille de renouvellement.

• LA PALMETTE OBLIQUE

Distance de plantation : 4-4,5 m x 2-3 m.

Porte-greffe : moyen à faible.

Palissage : fils de fer distants de 70 cm avec 2 cannes en oblique pour le palissage du premier étage.

Taille de formation

Plantation : planter le scion et le rabattre à 50 cm.

2ème année :

– tailler l'axe central entre 70 cm et 1 m du premier étage ;

– le premier étage est palissé obliquement de 50° à 60°.

3ème année ou 4ème année :

– tailler l'axe central à 70 cm du deuxième étage ;

– palisser obliquement le deuxième étage ;

– éliminer les pousses inutiles, trop verticales et concurrençant les structures établies.

Années suivantes : former les étages suivants.

Taille de fructification

Principe de la taille de renouvellement.

• L'AXE VERTICAL ARRÊTÉ

Distance de plantation : 1,20-2 m x 3-4 m.

Porte-greffe : faible à très faible.

Palissage : fil de fer à 2 m avec un tuteur à chaque arbre ou un piquet à chaque arbre.

Taille de formation

Plantation : planter le scion et le rabattre à 70 cm afin de favoriser le départ de pousses.

1er été : choisir une pousse qui deviendra le futur prolongement.

2ème hiver : rabattre la pousse à 50-60 cm. Si elle n'a pas atteint cette dimension, n'intervenir que l'année suivante.

Années suivantes : au fur et à mesure des rabattages de la pousse de l'axe, les étages se forment progressivement. Les rameaux ne sont pas raccourcis, seul le poids des fruits provoque la diminution de vigueur et le fléchissement de la branche. Si les pousses sont trop dressées, il est possible de les fléchir artificiellement en accrochant un petit poids de béton qui jouera le rôle des fruits avant l'heure.

Taille de fructification

Principe de la taille de renouvellement.

La pointe est rabattue à la différence de l'axe vertical libre. La future flèche est sélectionnée en été, les autres pousses issues du rabattage sont éliminées. L'oubli de cette sélection de flèche entraîne automatiquement une masse de ramifications au sommet qui risque d'affaiblir les charpentières de la base par manque de lumière.

• L'AXE VERTICAL LIBRE

Distance de plantation : 1,20-2 m x 4-6 m.

Porte-greffe : faible.

Palissage : fil de fer à 2 m avec un tuteur à chaque arbre ou un piquet à chaque arbre.

Taille de formation

Plantation : planter un scion sans le rabattre. Si des anticipés sont présents et bien placés, il est possible de les conserver et de les sélectionner comme futures charpentières.

1er été : supprimer par pincement les rameaux trop dressés et trop vigoureux ainsi que les rameaux concurrençant l'axe principal.

2ème hiver : taille de finition.

2ème été : suivre les mêmes recommandations que précédemment. Les charpentières de la base sont conservées sans être raccourcies. Le poids des fruits va fléchir ces charpentières. Une fois à l'horizontale, la charpentière peut être raccourcie sur une pousse dressée. Le nombre des branches varie selon les variétés, la superposition des branches doit être totalement évitée pour ne pas créer de zones d'ombre. La décroissance du diamètre des branches en direction du sommet doit être scrupuleusement surveillée afin de ne pas créer d'inversion de structure : la forme « sapin » devient vite une forme « basse tige ». La pointe de l'axe ne doit jamais être rabattue dans son jeune âge. La fructification au sommet de l'arbre limite la hauteur par arcure. Avec l'âge, la pointe initiale est progressivement remplacée par un repercement à sa base. Si pour une raison quelconque, le jardinier décide de limiter la hauteur de ses axes verticaux, il peut les rabattre à la hauteur voulue sur une pousse qui prendra le rôle de prolongement de l'axe.

Taille de fructification

Principe de la taille de renouvellement.

DE NOUVELLES FORMES

• LE TESA
Distance de plantation : 1,50 m sur le rang.
Porte-greffe : M9.
Palissage : un fil de fer à 90 cm.

Taille de formation

Plantation : planter le scion et le rabattre à 1,10 m.

1er été :
– tailler 1 ou 2 pousses verticales à 10 cm, attacher les autres au fil ;
– éliminer les pousses trop basses.

2ème hiver : ne rien faire.

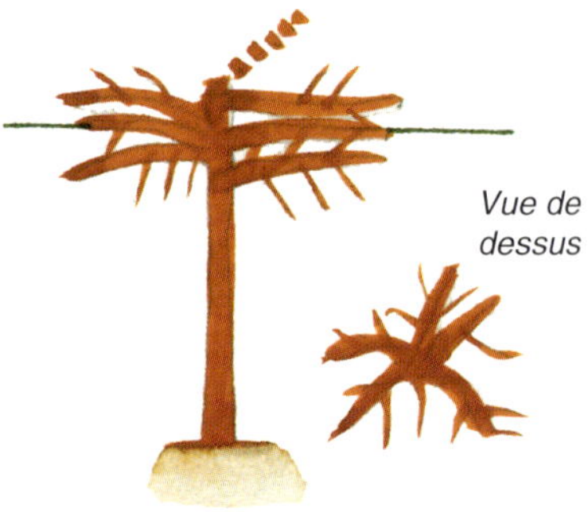

2ème été :
– éliminer le chicot de tête ;
– sélectionner 6 à 8 structures.

3ème hiver : ne garder que 5 à 6 structures.

Taille de fructification
Principe de la taille de renouvellement.

• LE SOLEN

Distance de plantation : 1,50 m sur le rang.
Porte-greffe : M9.
Palissage : 2 fils de fer dont le plus haut à 1,20 m.

Taille de formation

Plantation : planter le scion et le tailler 30 cm en dessous du fil le plus bas.

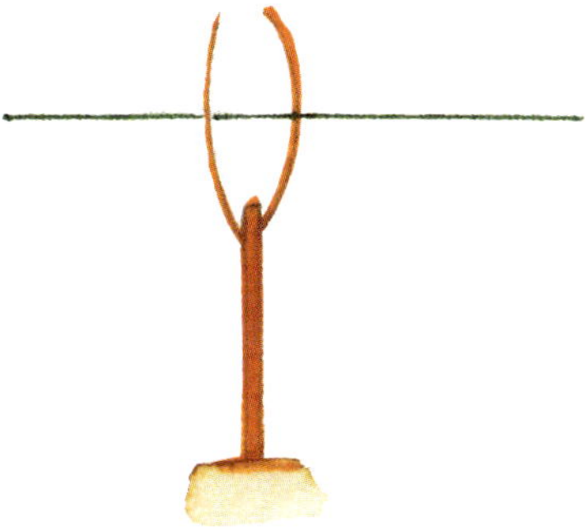

1er printemps : sélectionner 2 pousses.

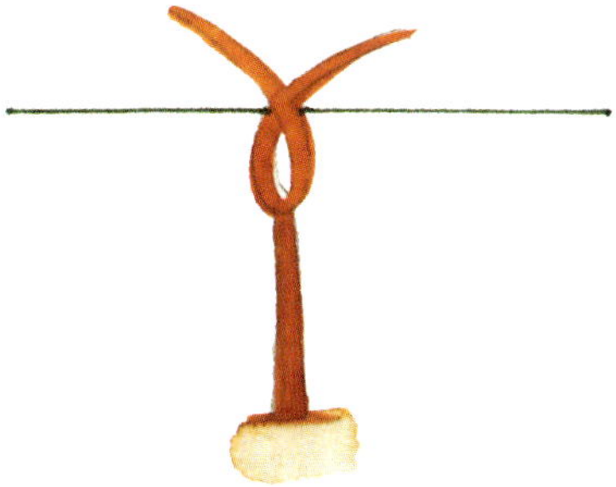

1er été :

– inverser les pousses et les attacher à 45° sur le fil le plus bas ;

– privilégier ces 2 pousses en ébourgeonnant le tronc et au niveau des arcures.

Années suivantes :

– sélectionner 5 à 8 branches fruitières de chaque côté progressivement ;

– éliminer les branches trop vigoureuses ou fructifiant mal.

Taille de fructification

Principe de la taille de renouvellement.

LA TAILLE DE RENOUVELLEMENT

Cette taille s'appuie sur l'observation suivante : au départ, un œil donne naissance à une pousse, un rameau par exemple. L'année 1, la pousse s'allonge par l'œil terminal. La partie déjà âgée d'1 an se met à fruit. Le poids de ces fruits provoque une arcure naturelle créant une zone de lumière à la base de la branche. Dans cette zone, il y a grande chance qu'un ou deux repercements aient lieu. L'année 2 ou 3, la taille consistera à rabattre la branche sur un des repercements. Si au départ l'œil à bois a donné une brindille couronnée, la mise à fruit est immédiate.

L'inclinaison de la branche est importante sur la quantité et la qualité des fruits. Dressée, la branche est vigoureuse et la mise à fruit est retardée. Tendant vers l'horizontale de 30° à 120°, l'équilibre mise à fruit/vigueur est atteint. La quantité et la qualité sont les caractéristiques qui dominent. Trop fléchie, la branche ne pousse plus et produit des fruits de médiocre qualité.

En résumé, les branches trop droites concurrençant souvent les axes seront supprimées, sauf si elles remplacent les axes. Les branches retombantes placées en dessous des charpentières et des sous-charpentières seront coupées. Les branches comprises entre 30° et 120° seront maintenues dans cette zone par sélection des coursonnes et par renouvellement.

LES DIFFÉRENTS TYPES DE POMMIERS

L'étude poussée sur le pommier a permis de déterminer différents types de pommiers. Cette constatation va permettre de personnaliser la taille au type de pommier. Les types ont été déterminés suivant l'importance des coursonnes sur des structures de différents âges.

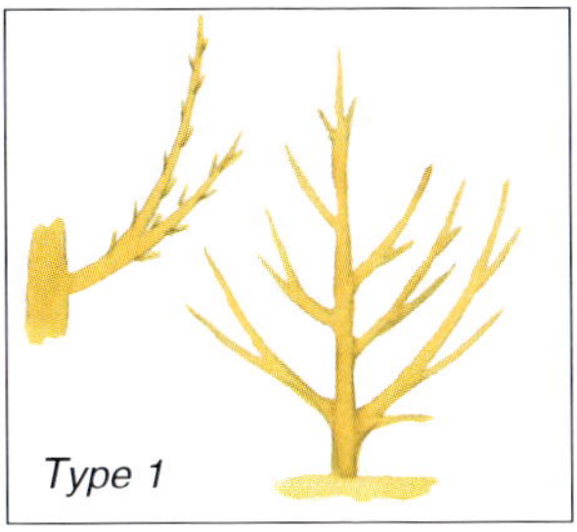

Type 1 : la majorité des coursonnes est située sur du vieux bois âgé de 2 ans et plus. Une forte tendance au repercement à la base de l'arbre existe. La mise à fruit est proche de la charpente de l'arbre. La taille de fructification consistera à éliminer des charpentières et des sous-charpentières entières.

Variétés rencontrées : toutes les variétés « spurs ».

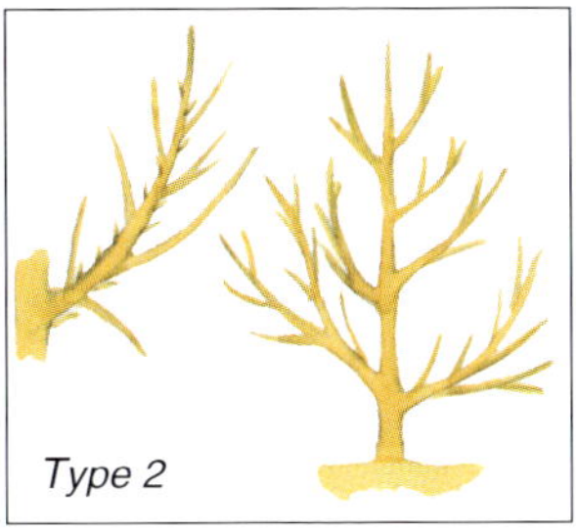

Type 2 : la majorité des coursonnes est située sur des parties de 2 à 4 ans. La tendance à la base est forte. L'application de la taille est semblable au type 1.

Variétés : Reine des Reinettes.

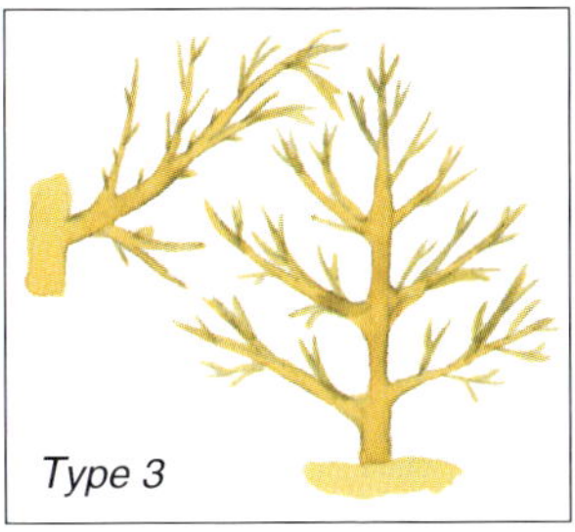

Type 3 : la majorité des coursonnes est située sur du bois d'1 à 3 ans. Par rapport au type 1 et 2, la zone de mise à fruit s'éloigne de la charpente, ceci entraînant un fléchissement de la structure. La taille dite de renouvellement est parfaitement applicable.

Variétés : Golden.

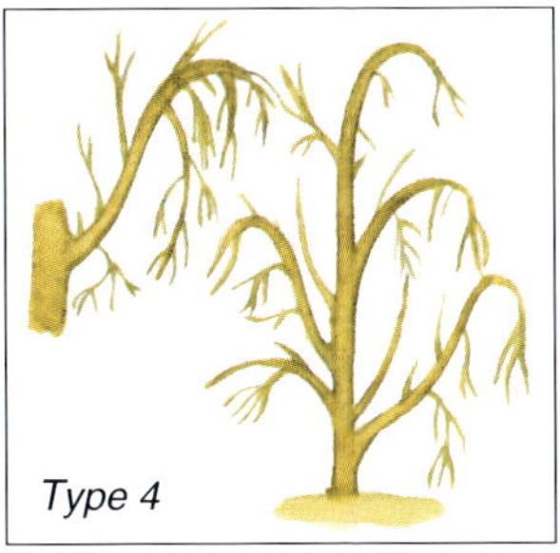

Type 4 : les coursonnes se situent sur bois d'1 et 2 ans, le prolongement se fait par arcures successives. La taille consiste à limiter le nombre et la longueur des branches retombantes et à favoriser le repercement à la base.

Variétés : Granny Smith.

LE PRUNIER

DESCRIPTION

Suivant l'espèce, les ports diffèrent : le quetschier a un port érigé et le mirabellier a un port arrondi.

Le prunier présente différentes parties :

– le rameau à bois : cette pousse porte des bourgeons à bois ;

– le rameau mixte : bourgeons à bois et bourgeons à fleurs se côtoient ;

– la brindille : cette pousse est couverte de bouquets de mai dont la durée de vie est de 4 à 6 ans ;

– le dard : pousse d'1 à 5 cm ;

– la chiffonne : cette pousse porte des boutons à fleurs.

CONDUITE

• L'AXE

Distance de plantation : 5 m x 2 m.

Porte-greffe : voir tableau (p. 5-6).

Palissage : un piquet pour chaque arbre.

Taille de formation

Plantation : épointer le scion sans le rabattre et éliminer les anticipés.

1ère année :

– choisir 3 à 4 structures ayant un bon empattement à 90 cm du sol. Ces structures doivent avoir un point d'insertion distant de 10 cm ;

– effiler et épointer le prolongement de l'axe.

2ème année :

– établir des structures supérieures en favorisant la forme sapin et en respectant 80 cm entre les étages ;

– éliminer les pousses vigoureuses concurrençant l'axe.

3ème année : poursuivre cette taille de formation.

4ème année :
- maintenir les structures en les renforçant ;
- arrêter les structures un peu avant l'horizontale ;
- effiler et épointer le prolongement de l'axe.

Taille de fructification

– On maintient la hauteur de l'axe en le rabattant sur un autre rameau qui prendra la relève.

– Éliminer les pousses trop vigoureuses.

– Ne pas épointer les pousses d'un an.

– Les pousses de 2 ans sont raccourcies sur un bouquet de mai ou une coursonne.

– Éliminer les pousses sous les charpentières qui donnent des fruits de mauvaise qualité.

• LE GOBELET DIFFÉRÉ
Distance de plantation : 6-8 m x 7 m.
Porte-greffe : voir tableau (p. 5-6).

Taille de formation

Plantation : rabattre le scion à 50 cm au-dessus de la hauteur fixée pour la charpentière la plus basse.

1er été :

– choisir 4 pousses dont une servira de tire-sève (le prunier est tellement vigoureux que cette pousse est nécessaire pour la taille de formation. L'excès de vigueur est exprimé plutôt dans le tire-sève que dans les charpentières) ;

– épointer le tire-sève ;

– couper à 15 cm les pousses partant du tronc entre les charpentières, ce bouquet de feuilles favorisera l'écartement des charpentières ;

– éliminer les pousses en dessous de la charpentière la plus basse.

2ème hiver :

– rabattre les charpentières à 70 cm ;

– tailler le tire-sève aux deux tiers de la longueur des charpentières ;

– supprimer les rameaux vigoureux le long du tronc.

2ème été :
– sélectionner un prolongement sur chaque charpentière ;
– éliminer les pousses sur le tronc ;
– éliminer les pousses rentrant vers l'intérieur de l'arbre ;
– éliminer toute pousse trop vigoureuse.

3ème hiver :

– sélectionner une sous-charpentière le plus bas possible de la charpentière ;

– tailler le prolongement des charpentières à 60 cm sur un œil extérieur ;

– tailler le tire-sève à 50 cm ou le supprimer suivant la vigueur de l'arbre ;

– supprimer les rameaux trop vigoureux.

3ème été :
- épointer la charpentière ;
- éliminer les pousses rentrant vers l'intérieur de l'arbre ;
- supprimer les fourches à l'extrémité des sous-charpentières.

4ème hiver :

– établir le deuxième étage de sous-charpentières à 70 cm du premier ;

– tailler le prolongement des charpentières à 80 cm ;

– tailler le prolongement des premières sous-charpentières à 60 cm ;

– supprimer le tire-sève.

Années suivantes :

– établir un nouvel étage de sous-charpentières ;

– allonger les charpentières de 80 cm par an jusqu'au développement total de l'arbre ;

– supprimer les gourmands.

Taille d'entretien
- Aérer l'arbre.
- Éliminer les gourmands.
- Conserver les rameaux horizontaux et légèrement obliques.

– Dégager les prolongements des charpentières et des sous-charpentières sur 50 cm en éliminant les pousses à bois.

– Les prolongements peuvent être arrêtés sur un rameau de faible vigueur.

– Lorsque l'arbre devient vieux, il est possible de rabattre les charpentières et les sous-charpentières de deux tiers pour favoriser les repercements.

• LA PALMETTE À 5 BRANCHES
Distance de plantation : 6 m x 4,5 m.
Porte-greffe : voir tableau (p. 5-6).
Palissage : 3 rangées de fil de fer.

Taille de formation

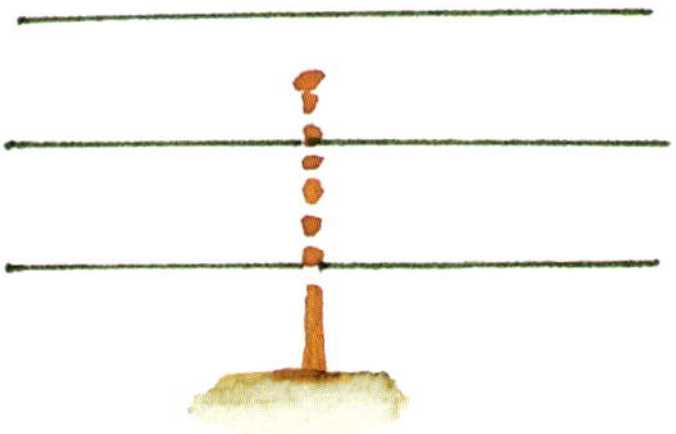

Plantation : planter le scion et le rabattre 10 cm au-dessus du point de greffe.

1ère année :
– sélectionner 3 charpentières et les attacher sur un piquet ;
– épointer les charpentières ;
– éliminer les pousses concurrençant les charpentières.

2ème année :
– établir les 3 charpentières ;
– les 2 sous-charpentières sont palissées sur le fil le plus bas.

Années suivantes :

– épointer les charpentières ;

– éliminer les rameaux trop vigoureux.

Taille de fructification

– Éliminer les rameaux trop vigoureux.

– Éliminer les pousses sous les sous-charpentières ;

– Les pousses d'un an ne sont pas épointées ;

– Les pousses de deux ans peuvent être raccourcies sur un bouquet de mai ou une coursonne.

LA RONCE

DESCRIPTION

La ronce possède des rameaux très longs avec ou sans épines. Le cycle est bisannuel : la première année la souche émet de longs rameaux, la deuxième année, ces rameaux fructifient puis se dessèchent.

CONDUITE

Étant donné la morphologie des tiges, le palissage sur fils de fer est nécessaire.

• PALISSAGE SUR FILS DE FER
Distance de plantation : 2-3 m x 2,50 m.
Palissage : disposer 3 rangées de fils de fer distantes de 50 cm.

Taille de formation et de fructification

Plantation : planter les pousses racinées en les rabattant à 20 cm afin d'augmenter le repercement.

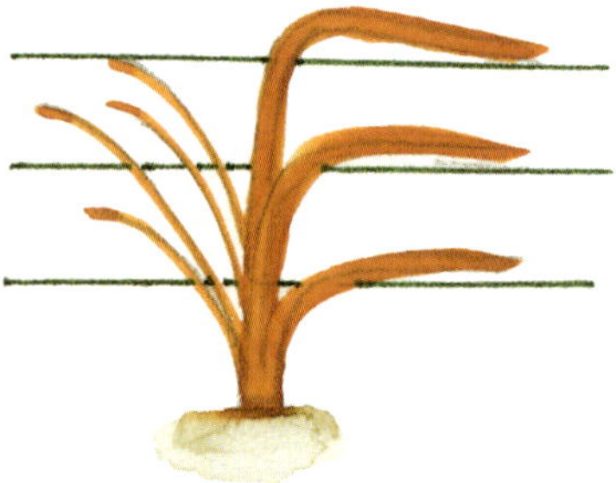

Chaque année, la conduite est semblable : au printemps, les rameaux sont palissés sur les fils de fer, les pousses secondaires étant rabattues à 10 cm (ce rabattage favorise des fruits de qualité et beaucoup plus gros). Les pousses de l'année qui assureront la production de fruits l'année suivante sont grossièrement palissées sur la partie opposée afin de ne pas être endommagées.

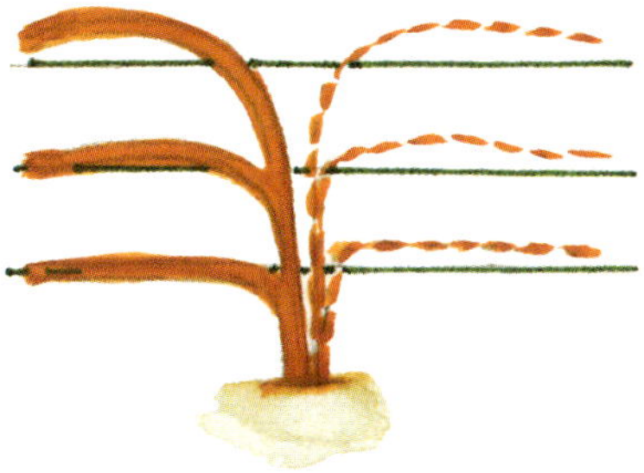

Une fois la production de fruits terminée, les anciennes pousses sont éliminées et brûlées pour éviter la contamination des pousses saines. Au printemps suivant, les pousses sont palissées soigneusement. En sélectionner 3 pour assurer une récolte abondante.

Certaines variétés issues du croisement entre la ronce et le framboisier, comme le LOGANBERRY, se conduisent comme précédemment.

OBTENTION DE POUSSES RACINÉES

Mettre les extrémités des jeunes pousses en contact avec le sol. L'enracinement est facile à condition de prendre soin de la marcotte.

LA VIGNE

DESCRIPTION

La vigne est une liane qui comprend plusieurs parties bien caractéristiques :

– le cep : cette partie est constituée par le tronc et les charpentières plus ou moins noueuses ;

– les rameaux : quand ils sont herbacés, ce sont les pampres ; aoûtés, ils prennent le nom de sarments ;

– les vrilles : elles sont situées au niveau de certains nœuds.

CONDUITE

• LE CORDON GUYOT

Distance de plantation : 1,20 à 1,50 m sur le rang.

Palissage : fils de fer de 0,50 à 1,25 m.

Taille de formation et de fructification

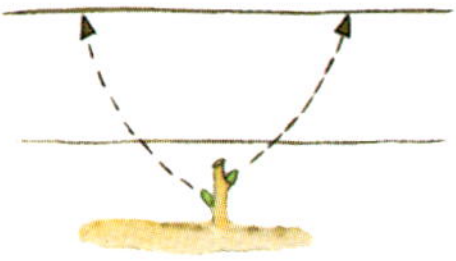

Plantation : planter le pied et le tailler à 2 yeux.

1er été : palisser les 2 sarments sur le premier fil.

2ème hiver :

– le sarment supérieur est taillé à 6 yeux et mis en position horizontale ;

– le sarment inférieur est taillé à 2 yeux.

2ème printemps - 2ème été :

– du sarment supérieur avec 6 yeux découleront les rameaux supérieurs qui sont palissés sur le fil supérieur. Ces pousses sont pincées au-dessus de la deuxième feuille au-dessous de la deuxième grappe ;

– du sarment inférieur découleront deux pousses pincées à 1,50 m que l'on palissera sur le fil supérieur. Ces deux sarments assureront le remplacement du sarment taillé à deux yeux et de celui taillé à 6 yeux.

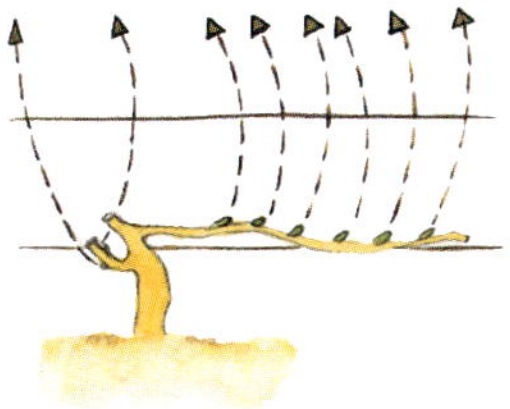

3ème hiver :

– supprimer les sarments ayant fructifié ;

– 1 des 2 sarments de remplacement est palissé et taillé à 6 yeux, l'autre est rabattu à 2 yeux.

TABLE DES MATIÈRES

TAILLE DE FORMATION ET DE FRUCTIFICATION DES DIFFÉRENTES ESPÈCES FRUITIÈRES

Dépôt légal 4e trim. 1997 n° 2 350

Imprimé en C.E.E.